ZHONGGUO SHIQIAN YIZHI BOWUGUAN XIWEIBAOJI BEISHOULING JUAN

中国史前遗址博物馆

北首岭卷

丛书主编 吴新智 王仁湘 张礼智

本册主编 刘俊康

熹微宝鸡

陕西新华出版传媒集团
陕西科学技术出版社

图书在版编目（CIP）数据

熹微宝鸡．北首岭卷 / 刘俊康主编．-- 西安 ：陕西科学技术出版社，2018.4

（中国史前遗址博物馆 / 吴新智，王仁湘，张礼智主编）

ISBN 978-7-5369-7208-7

Ⅰ．①熹… Ⅱ．①刘… Ⅲ．①新石器时代文化－文化遗址－研究－宝鸡 Ⅳ．①K878.04

中国版本图书馆CIP数据核字（2018）第029964号

中国史前遗址博物馆 熹微宝鸡 北首岭卷

（刘俊康 主编）

出版人 孙 玲

责任编辑 赵文欣 马 莹

封面设计 余 文

出版者 陕西新华出版传媒集团 陕西科学技术出版社

西安市北大街131号 邮编 710003

电话（029）87211894 传真（029）87218236

http://www.snstp.com

发行者 陕西新华出版传媒集团 陕西科学技术出版社

电话（029）87260001 87212206

传真（029）87218236

印 刷 陕西金和印务有限公司

规 格 889mm×1194mm 1/16

印 张 7.5

字 数 143千字

版 次 2018年4月第1版

2018年4月第1次印刷

书 号 ISBN 978-7-5369-7208-7

定 价 98.00元

《中国史前遗址博物馆》丛书编委

丛书主编

吴新智　王仁湘　张礼智

丛书编委

张礼智　何德周　蒋远金
胡继忠　吴　健　陈万里
董　平　王遂成　周　海
马东峰

《中国史前遗址博物馆·熹微宝鸡·北首岭卷》编委

宝鸡北首岭博物馆 编

主编

刘俊康

编委会

刘俊康　曹歌鸿　袁　红　何小芹
高　爽　于海军　谭　平　东卫华

序

文物是人类在历史发展过程中遗留下来的遗物、遗迹。它是人类宝贵的历史文化遗产，反映了各个历史时期、不同地域的人们生产和生活状况，包括衣食住行、婚丧嫁娶、祈福祭祀、与外界的互动，乃至人们的内心活动等物质和精神生活的表现，从这些文物我们仿佛可以看到当时人们制造和使用它们的场景。这些被深埋入地下的一件件“死物”，在地下沉寂几千甚至上万年后，一旦被人们发现，再经考古工作者发掘、整理和研究，便立刻恢复了生机，生动地展现其活生生的一面，帮助人们了解其被制造和使用的过程、当时的社会和自然环境、人们社会生活、日常起居等方方面面的鲜活细节。将若干有关联的遗址所出土的文物联系起来，就能复原各种文化现象的起源、发展、变化、转型、交流乃至消亡的过程和其中的历史规律。文物便发扬出“人气”，起到了“由物到人”的作用。但此时文物的作用范围还局限于学术圈内，其影响有限。

文物一旦作为展品通过博物馆进入观众的视野，其影响面便得以扩大，通过说明词和讲解员的生动讲述，一件件文物所体现的历史内涵便组成了一幅幅生动的历史画面，增长观众的知识，启迪有心人的思想，对他们为人处世的态度和原则，乃至人生观和世界观的形成都会起到或大或小的作用，此时的文物更显得生机盎然，其对现实社会的重要性更加得以凸显。

现今我国大多数人们生活已经达到小康乃至富裕的标准，有条件参观许多博物馆，但是毕竟很难在短时间内遍历众多遗址。于是中国博物馆协会史前遗址博物馆专业委员会组织编写了《中国史前遗址博物馆》丛书，这套丛书汇集了全国诸多重要史前遗址博物馆的丰富馆藏资料，用通俗易懂的文字，将各该遗址的发现、发掘过程，以及该博物馆的历史沿革和发展历程娓娓道来，还将该遗址的遗迹和出土文物以及其他展品以图文并茂的方式生动地还原出来，以展现我国先民的物质生活和精神生活，引领读者走进尘封已久的岁月，感受我中华文化的深厚。

值此丛书即将付梓之时，西安半坡博物馆张礼智馆长嘱我为之作序，我虽俗务缠身，不能遍读样稿，但希望、也相信本丛书能帮助众多文物为更广大的人民大众展现它们的活力，有益于提高人民大众的家国情怀，文化自信，建立唯物主义的历史观和世界观，故勉力作序如上，供读者参考。

吴新智

2018 年 1 月 3 日

约你穿越到史前

人类的历史，可以分作史前史和文明史两个阶段。文明史并不难理解，它是人类有确切记载的历史。很多人也许并不很了解史前史的概念，史前的要义是指文明史之前的人类历史，是没有记载的远古历史，从人类诞生起，到有记述的历史止，便是史前史。

曾经有人将地球的45亿年历史压缩成1天，计算出晚上11点时，恐龙慢悠悠登上舞台，支配世界也只有半个多小时。午夜前20分钟，哺乳动物的时代开启，人类在午夜前1分多钟出现，而文明史不过是几秒钟的时长而已。我们要说的史前史，也就是这么1分多钟。

文明起源在时间上最早不过8000年前，这只占人类史的1%都不到，如果将人类起源后300万年的全史压缩成1天，那也就2分多钟。而且关于人类起源的历史上限还在往前提，这个2分多钟的文明史基本可以忽略不计。整个300多万年甚至更长的史前史，它经历了一个怎样的发展过程呢？

这个过程经历了——

人类诞生与进化，从猿到人，经历猿人类、原始人类、智人类、现代人类4个进化阶段。

人类社会产生与发展，由婚姻组成家庭，由氏族社会进入等级社会。

人类发明了用火和造火技术，由生食转变到熟食。

逐渐掌握制作工具技术，经历了旧石器时代和新石器时代。

发明农业种植和家畜饲养业，从采集游猎经济转入农业和畜牧经济。

发明建筑技术，由自然洞穴居所进入人工建筑居所，由时常迁徙进入定居生活。

因血缘氏族形成聚落，又因部落联盟筑城而居。城邑居民因生业出现分工，因贫富形成等级，因社会复杂化导致邦国建立，千城星罗，万邦林立。

逐渐形成埋葬死者的墓葬制度，信仰祖先神崇拜，这是史前造神运动的开始。

发明制陶技术，烹调水准提升。发明煮盐，有了基本的调味品，促进了体格健康。发明酿酒，主要用于祭祀仪式。

艺术由萌芽到发展，刻画和雕塑艺术渐趋成熟，彩陶奠定了跨越史前至历史时期的艺术传统，这是由造神运动掀起的艺术浪潮。

琢玉由装饰器转向礼器制作，将造神运动推向又一个高潮，这是东方独有的文化传统。

中心城邑出现，宏大的治水工程见诸实施，建构起初级国家管理机构。

最后，人类终于走出混沌，文明诞生，王权与神权结合，国家出现。

我们所知的中国史前时代，也许只是大略知道旧石器时代和新石器时代，不知道还有这样丰富的内容，不知道有如此久远的历史。

如此久远的年代，我们如何了解它？

古代的先贤，也曾考究过这古老而漫长的时代，留下了一些神话与传说，三皇、五帝便是那个传说时代的主人。对于史前更多的细节，那时代真实的面貌，他们不可能有真切的了解。

我们当然不能总是陶醉在传说时代，内心希望有真凭实据来说话。

现在我们不必着急了，有考古学家作向导，他们可以带我们穿越到史前。我们可以直接进入智人居住过的洞穴，可以直接进入新石器时代居民的废墟，可以发现史前真实存在过的许多场景与细节。

虽然年代如此久远，但那也是一个看得见摸得着的时代。考古学家通过考古发掘，发现了一个个史前遗址，那是史前先民生活过的地方。这遗址上保存着先民的创造，石器、陶器依然那样精致。大大小小的茅屋，深深浅浅的火塘，似乎还有袅袅飘起的炊烟。排列整齐的墓穴，各种各样的随葬品，似乎隆重的葬仪刚刚结束。在遗址里我们可以发现史前人的所作所为、所思所想，你甚至还可以由他们留下的艺术品，揣摩先祖们当初的情怀与梦想，还有对宇宙的观察与理解。

考古学家将丰富的史前文化遗存揭示出来，将一些重要的遗址保护起来，兴建遗址博物馆向公众展示这些发现，兴建遗址公园供公众访古游览。在中国目前这样的博物馆已经建起 20 多座，数量还在逐年增加。

这些史前遗址博物馆各有特色，有旧石器和新石器的时代区别，也有南北地域的不同。有的是城址，有的是大型居址，也有的是墓地。在建设遗址博物馆的同时，有的还建成国家考古遗址公园。

例如属于旧石器时代及古人类遗址的博物馆，有北京周口店北京人遗址博物馆、南京直立人遗址博物馆，还有柳州白莲洞洞穴科学博物馆。

属于新石器时代仰韶文化的博物馆，有陕西西安半坡博物馆、宝鸡北首岭博物馆、河南渑池仰韶文化博物馆和郑州大河村遗址博物馆。

东北区域有辽宁沈阳新乐遗址博物馆、阜新市查海遗址博物馆、凌源牛河梁红山文化遗址博物馆、内蒙古敖汉旗红山文化博物馆。

各地属于新石器早中期的遗址博物馆有广西桂林甑皮岩遗址博物馆、浙江萧山跨湖桥遗址博物馆、余姚市河姆渡遗址博物馆和甘肃秦安大地湾遗址博物馆。

属于新石器时代晚期的遗址博物馆有杭州良渚博物院、济南城子崖遗址博物馆、青海乐都柳湾彩陶博物馆、民和喇家遗址博物馆和福建昙石山遗址博物馆。

这样多的史前遗址，这样多的遗址博物馆与遗址公园，对于大多数人来说，都走上一遍是不太可能的。好了，我们现在有了这样一套《中国史前遗址博物馆》丛书，可以弥补这个缺憾。你暂时走不到的博物馆，在丛书中可以读到。你也可以先由丛书寻找出你感兴趣的博物馆，有目标、有选择地去参观游览。

这套丛书的编写和出版，充分考虑到了读者的需求，资料科学可靠，文字比较平实，印制也很精美。这一套丛书，一册就是一位导游，也是极好的导览。或者可以说这丛书就是一张张请柬，就是一个个约定，邀你一起穿越到久远的史前，去探访先人居住过的地方，去历史长河的源头观赏一道道神秘的风景。

每走进一座史前遗址博物馆，相信你都会有不一样的收获。每一座博物馆，都有不一样的风景。当你从一座座史前遗址博物馆出来，对过去了然于胸，对现在信心倍增，对未来一定有了更多的期待。

就这样约定了，让我们一起走进史前遗址博物馆，去见识那久远的岁月，去会一会史前先民。

王仁湘

2018 年春节于北京

寻根问祖北首岭

水有源，山有基，树有根，人有祖。探索初始，探求本源是人的自然心理。寻根问祖，追本溯源更是人的天然禀性。在中国这个泱泱文明古国，有盘古开天辟地、女娲抟土造人等古老的神话传说。在宝鸡这个炎帝故里，有一个寻根问祖、探古访远的地方——北首岭。

北首岭是个小地方，它位于渭河与金陵河交汇处，东边面临潺潺的金陵河，西边背靠雄浑的陵原。这里地势北高南低，站在渭河岸上向北望，会看到这里是一道微微隆起的小土岭，因此得名“北首岭”。北首岭方圆不足数里，与四周的秦岭、渭河、金陵河、陵原、蟠龙原相比，确实不够大。然而，在那个遥远的六七千年前，这块小台地却是先民赖以生存的绝佳之所。茂盛的植被与良好的生态为狩猎和采集提供了天然场所。金陵河、渭河赐予人们饮水和捕鱼的便利，台原土岭又抵挡了洪涝之灾。绵厚的黄土既是原始耕作的良田，也是制作陶器的上好原料。地不在大，人杰则灵。北首岭是苍天赐给先民的家园，先民们在北首岭也留下了深深的足迹。

北首岭是一个大聚落。北首岭地虽不广，六七千年前这里却分布着一个大聚落，生活着一群原始先民——北首岭人。考古发掘揭示了聚落的基本结构，在聚落中心有一个较大的广场，那是北首岭人举行集会、祭祀、庆典的场所。围绕广场建有半地穴式的房屋，房门朝着广场。房屋面积最大的近 90 平方米，最小的近 9 平方米。在广场的东南方向分布着成片的墓葬，大多数死者头向西北。北首岭人属于蒙古人种，也就是黄种人。这群人是以怎样的社会、家庭结构，生活在这个大聚落中呢？经研究，北首岭人处于原始社会母系氏族繁荣时期。在当时的部落和家庭中，女人是绝对的当家人，孩子只知其母，不知其父。无法知晓在这个聚落中，上演了多少后人不得而知的悲喜剧，发生了多少后人难以想象的故事。

北首岭是一幅长画卷。这是一幅写实的历史画卷。在这幅画卷上，有六七千年前的山川河流、台原土岭、草木虫鱼，有日月星辰、春夏秋冬、雨雪云雾。在这幅画卷上，也有北首岭人搭建草屋、修筑土路、开挖壕沟的场景，有他们刀耕火种、采集渔猎、饲养禽畜的场面，有他们烧制陶器、打磨石器、制作骨器的画面，有他们衣食住行、生老病死、喜怒哀乐时的神情。在这幅画卷上，还有他们屋顶上升起的缕缕青烟、广场上燃烧的熊熊烈火、庆典上传来的阵阵欢笑，有他们生产生活演变的印痕、发明创造过程的记录、绘画雕塑求美的笔迹。北首岭人在这里生活了1500多年，延续了数十代人。上千年、几十代人的生产生活，不论时间还是空间，都是一幅超长的画卷。

北首岭是一种古文化，在考古学上，北首岭文化归属于原始社会新石器仰韶文化。那时人们使用打磨的石斧、石锛、石铲、石凿等生产工具，除采集植物果实、捕鱼狩猎外，已种植粟等农作物，猪、狗、牛、鸡等已被驯养。罐、盆、瓶、碗等生活器具大多为陶器，不但造型优美，而且有精美的几何或动物纹饰图案。原始的生活孕育了原始的艺术。一切都打上了原始的印记，显示着古老的玄秘。陶塑人面像和陶塑半身人像是雕塑的雏形；各种鱼纹有的写实，有的抽象，陶红的底色，墨黑的线条是那样的简约质朴。陶器上的刻画符号传达着神秘的信息，其形状容易让人与文字联系起来，那是文字的起源吗？

知道昨天，才能更好地发展今天，描绘明天。闲暇之余，来到北首岭这块小地方，怀思千古沧桑；走进北首岭这个大聚落，目睹千古遗址；打开北首岭这幅长画卷，观赏千古画面；领略北首岭这种古文化，感悟千古文脉。

刘宏斌

目　　录

contents

第一章　发现北首岭遗址

新石器仰韶文化遗址 北首岭　/2

　　遗址发掘　/4

第二章　走进北首岭遗址

得天独厚 自然环境　/8

　　多条河流孕育出的古老文明　/9

　　自然环境　/10

存在过的“痕迹” 遗址　/11

　　遗址分区　/11

　　地层与文化堆积　/12

　　北首岭人　/13

安身之所　北首岭人的聚落与房屋　/14

　　北首岭人的聚落分布　/14

　　北首岭的房屋　/19

　　建筑技术的突破　/23

辛勤劳作　生产活动及分工　/26

　　北首岭人的工具　/26

　　北首岭人的社会分工　/31

第三章　北首岭遗址遗珍

火与土的艺术　陶器　/36

　　陶器的制作　/36

　　出土陶器　/37

　　陶器的装饰　/54

　　陶器分期特征　/63

艺术珍品　绘画和陶塑　/65

绘画用具　/65
绘画艺术　/68
陶塑艺术　/72
最早的文字　刻划符号　/74
彩绘符号　/74
刻划符号　/76
数的启蒙　数量和图形　/77
数形意识　/77
图形意识　/78
对生活的向往 装饰品及其他　/79
装饰品　/79
其他物品　/82

第四章　北首岭墓葬文化

墓葬习俗　分布与形制　/84
墓葬分布　/84
墓葬形制　/85
墓葬排列　/88
墓葬分期　/89
往生世界探究　典型墓葬　/93
无头英雄　/93
肢体残破的单人葬　/95
二人二次合葬墓　/96
多人二次葬的合葬墓　/97
瓮棺墓　/98
无骨架的空墓　/98

第五章　北首岭未来展望

北首岭的过去　大事记　/100
北首岭遗址发现、发掘及保护　/100
北首岭的现在　北首岭博物馆　/102
遗址展示区　/102
陈列展示区　/102
博物馆建设　/103
北首岭的未来　新的博物馆　/104
新博物馆规划　/104
北首岭博物馆规划前景　/105

第一章

发现北首岭遗址

2008年北京奥运会开幕式从一幅中国画卷开始，画卷上流淌着中华文化起源和发展的元素，其中一件陶器『船形网纹壶』是出土于宝鸡北首岭遗址的珍品……

新石器仰韶文化遗址 北首岭

大约一万年前，逐渐脱离蒙昧的远古人类发展进入到了一个新的阶段——新石器时代。作为人类进入文明时代的过渡阶段，磨制石器成为主要的生活、生产工具，烧制陶器登上了历史的舞台，人类开始有意识地进行农作物的种植。

随着中国考古事业的发展进步，越来越多的仰韶文化遗址被发现。全国共有5000多处新石器时代仰韶文化遗址被发现，而北首岭博物馆所在的宝鸡地区，就有880处，占全国现已发现的仰韶文化遗址近五分之一。这些史前遗迹向世人展示了处于蒙昧时代的人类生活的画卷，印证了这片土地上曾经孕育了璀璨辉煌的史前文明。

科学发掘证实，北首岭遗址是一处保存比较完好的仰韶文化聚落遗址，发现有丰富的居住遗址、墓葬遗址、遗物等，为我们提供了距今7100～5600多年前北首岭先民的生活状况。这个遗址是新石器时代仰韶文化遗址的重要组成部分，也是我国史前文化的重要见证，对于我们了解、研究新石器时代的发展过程具有重要意义。

仰韶文化

仰韶文化是我国黄河中游新石器时代的一种文化，发源于黄河中上游地区，因 1932 年首次在河南省三门峡市渑池县仰韶村发现而得名。

北首岭博物馆

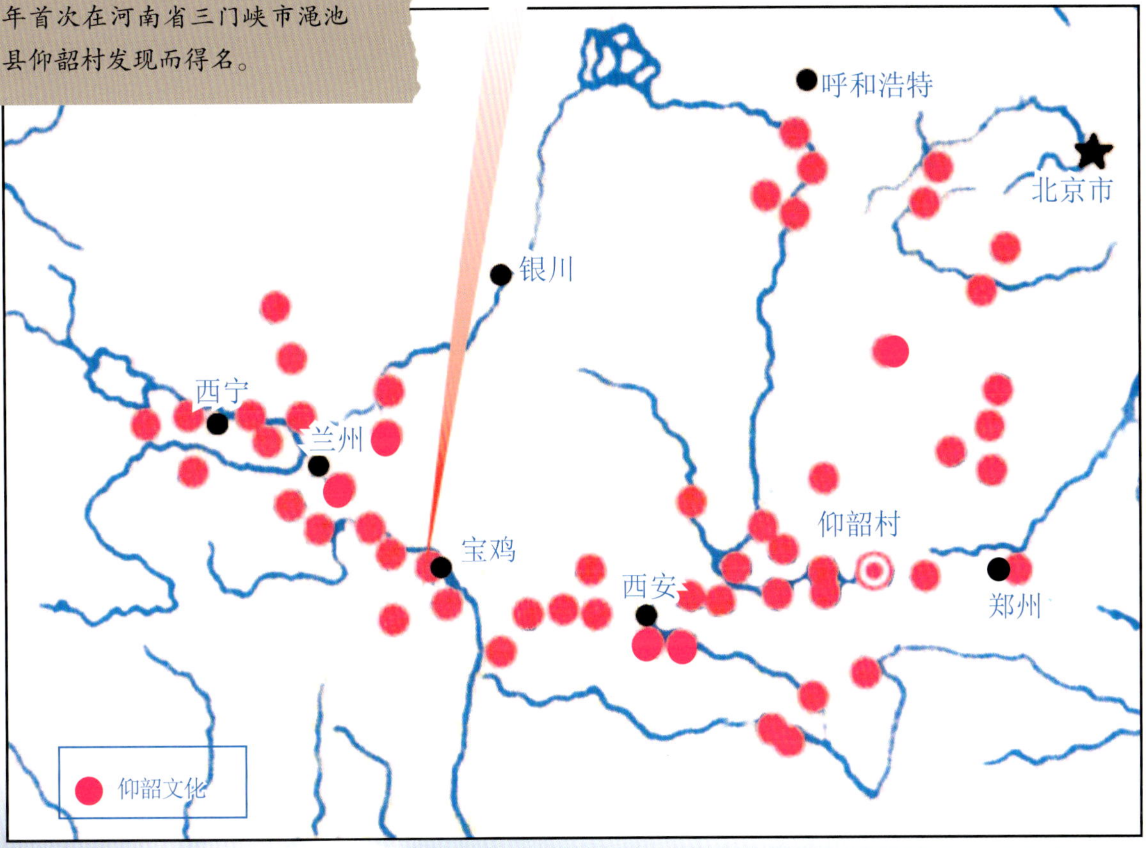

仰韶文化遗址分布图

遗址发掘

北首岭遗址位于中国陕西省宝鸡市金台区金陵河西岸，因地处敦仁堡村北部的小山岭上而得名“北首岭”。这里原本是宝鸡市一中所在地。1953 年 6 月，遗址在宝鸡市一中（今龙泉中学）建校施工时被发现。

发掘过程

在当时的宝鸡市一中历史教师李培基的建议下，中国社科院考古研究所、西北大学等单位在 1958 至 1978 年间对北首岭遗址进行了两个阶段、共七次的发掘。遗址的发掘分为六个区域，共开出探方 178 个，方向均为正南正北。

房址遗迹复原

由东向西拍摄遗址外景，
断崖上就是遗址所在地。

探方

在进行考古发掘时，考古工地会被分为若干个大的区域，每个区域内会以西南角为坐标中心，开出一个个正方格，以方格为单位，分工发掘，这些正方格被称作“探方”。根据这些探方考古工作者要绘制出探方图，标出每个探方编号，探方编号应按照“遗址分区号+T+探方号”的样式编写。探方和遗迹单位符号一般采用其汉语拼音的第一个字的大写声母表示，如：T–探方、F–房址、M–墓葬、H–灰坑……

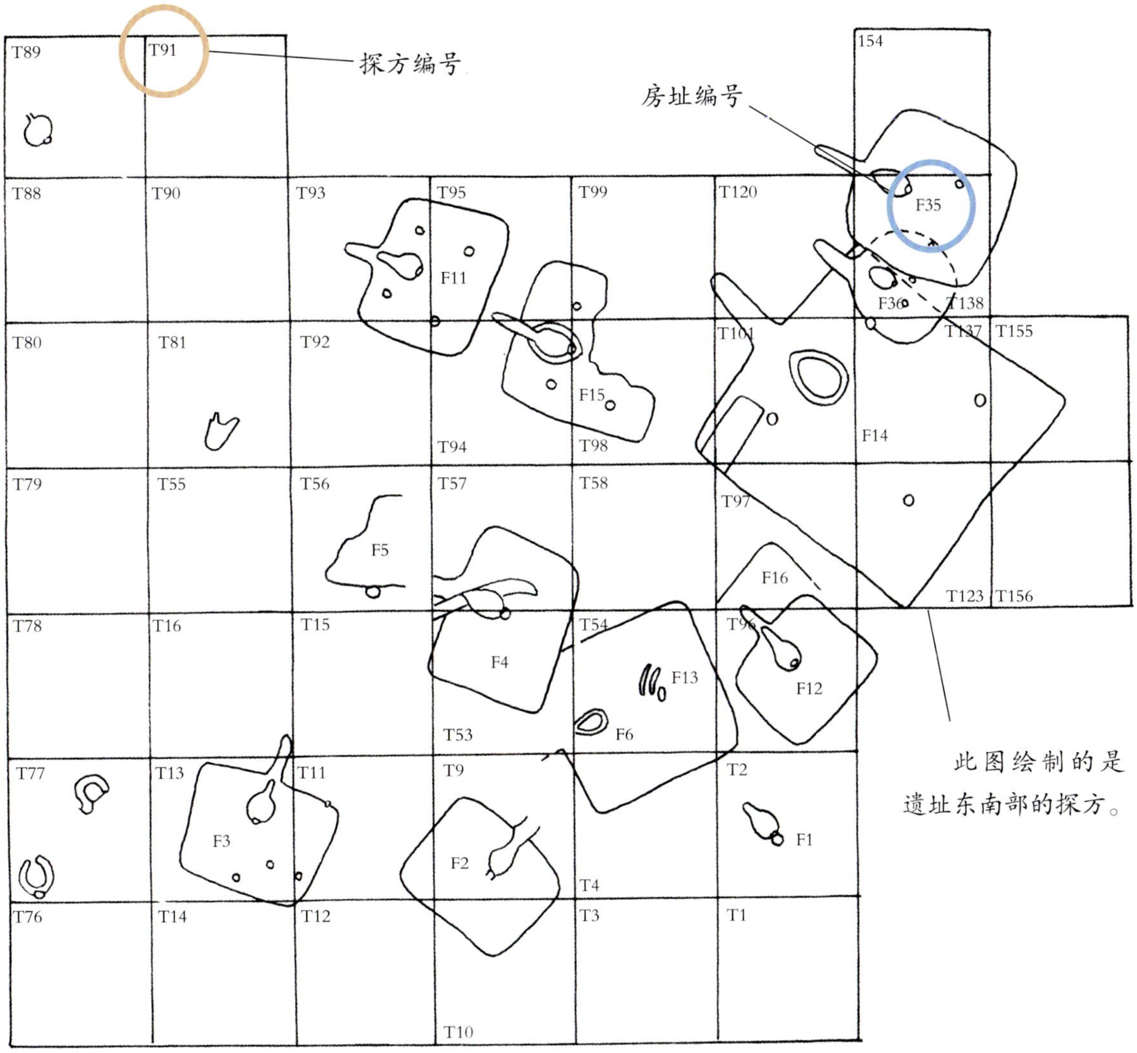

考古现场还原

发掘成果

阶段	第一阶段					第二阶段	
面积	发掘面积共 4500 平方米					发掘面积共 227 平方米	
次数	第一次	第二次	第三次	第四次	第五次	第六次	第七次
时间	1958 年 8 ～ 12 月	1959 年 4 ～ 7 月	1959 年 9 ～ 12 月	1960 年 4 ～ 7 月	1960 年 9 ～ 12 月	1977 年 10 ～ 12 月	1978 年 4 ～ 6 月
目的	这一阶段的发掘目的是为了弄清楚遗址的平面布局和地层关系，发掘到房址就停止了发掘，多数探方深度仅为 1 至 1.5 米，发掘中没有见到生土。					此阶段发掘目的是为了进一步弄清楚遗址布局和地层关系，揭示北首岭遗址早期遗存面貌，大部分探方都挖到了生土。	
成果	两次共发掘古墓葬 451 座、房屋遗址 50 座、灰坑 75 个、窖址 4 座、排水沟两道、灶炕 2 个。发现生产工具、生活用具及装饰品等 6000 余件。						

生土

生土是从来没有经过人类活动扰乱过的原生土壤，也称作“死土”。它的特点是结构紧密，稍有光泽，颜色均匀，质地纯净，不含人类活动遗存。考古发掘一般挖到生土为止。

在遗址发掘结束之后，除了第六区一处墓葬遗址和一区一处房屋遗址等 300 多平方米之外，其他区域在发掘后都进行了回填保护，用于当时宝鸡市一中学校操场。

第二章

走进北首岭遗址

北首岭遗址所依傍的金陵河，是渭河的主要支流，这里水系发达、土地肥沃，是古代先民休养生息的风水宝地。

得天独厚 自然环境

宝鸡南屏秦岭，北依黄土台塬，东接咸阳，西临甘凉，渭水自西向东流经宝鸡市区，渭水两岸形成的冲积平原，地势平坦，土地肥沃。

北首岭遗址坐落于金陵河西岸的二级阶地上。遗址高出金陵河床约 30 米，南北长约 300 米，东西宽约 200 米，面积约 60000 平方米。遗址北高南低，南北相差 2 ～ 3 米，北边地面平坦，南边则在地势上呈缓坡状。

阶地

阶地是指由于河流的侵蚀和堆积作用形成沿河谷两岸伸展、高于洪水期水位的阶梯状地形。阶地的级数是由下向上顺序排列的，高于河滩的最低一级为一级阶地，向上依次为二级、三级等。阶地一般地面平坦，微微向河流倾斜。

我国的古村落遗址大多坐落在河谷阶地上，聚落沿河分布，这表明我国先民在选择居住地的时候已充分考虑到水源及地形的影响，首选的是水源充足，地形平坦的地方。

北首岭遗址发掘前金陵河的河面

河谷阶地图

多条河流孕育出的古老文明

古老的文明总是依偎着河流发展起来的。因为对于生产水平低下的远古人类来说，河流就是他们生活、生产的天然保障。北首岭遗址所在的宝鸡正是一个有多条河流流经的“风水宝地”。

北首岭遗址位于现在的宝鸡市中心区域的东北部，南距渭河约 2 千米。这里河流密布，不仅有由西向东流的渭河，还有太寅河、塔稍河、清姜河、石坝河、高家河、巨家河、茵香河、硖石河、玉涧河、金陵河以及千河等多条河流。其中，渭河是主要河流，它和秦岭一起，对北首岭及其所在地区的生态环境产生了巨大的影响。

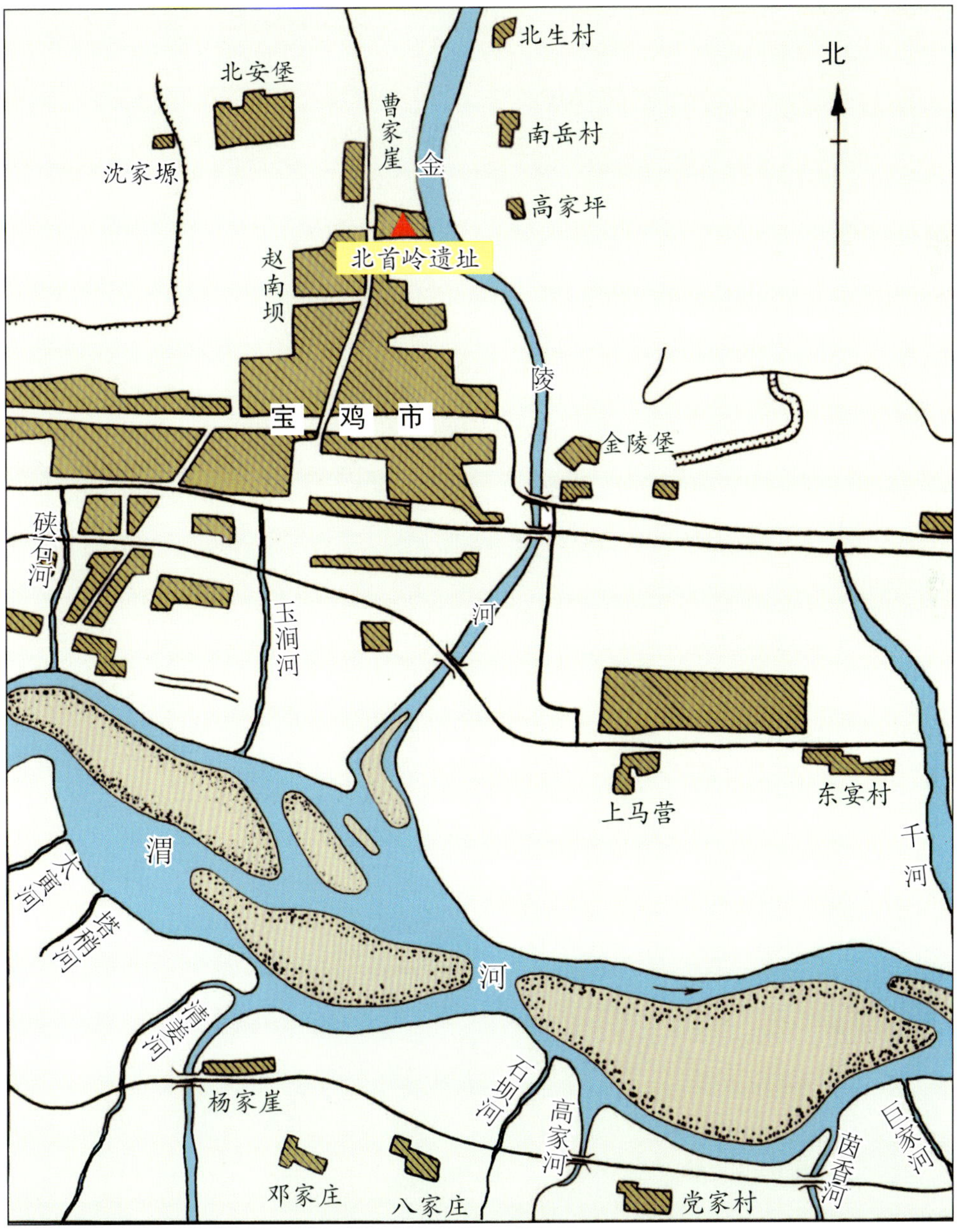

自然环境

北首岭的原始先民选择这里作为他们理想的生活区域也源于此处得天独厚的自然环境。

天然的气候保障和资源宝库

遗址南边有天然的气候保障和资源宝库——秦岭，秦岭形成于距今大约 1.95 亿年前的三叠纪的一次剧烈的地壳运动，并在新生代喜马拉雅山形成的那次地壳运动中受到了较大的影响，山林再一次抬高。从远古时代开始，秦岭就是我国的南北分界线，是南北气候、水系的分水岭。专家根据如今秦岭以及渭河的状况推测，在 6000 多年前，北首岭的平均温度要比现在高 2 ～ 5℃，河水流量也比现在要丰沛得多。

适宜耕种的黄土地

位于渭河北岸的这一级阶地宽 400 ～ 1000 米，上面覆盖着 10 ～ 15 米厚的黄土和砂质黏土，为北首岭人提供了种植农作物以及烧制陶器的良好条件。这里地势平坦，靠近水源，土质肥沃，对于发展原始农业至关重要。另外，二级阶地较高的地势也让他们不用担心水患。

优越的生态环境

从气候上来说，北首岭属于暖温带半湿润气候。冬天寒冷干燥，夏天则是温热多雨和炎热干燥的天气交替出现。充足的光照和丰富的降雨量为各类植物、动物提供了良好的生态环境。东边紧邻的金陵河中生长着丰富的鱼、蛙、螺等水生动物，不远处的山林里则生长着以偶蹄类为主的荒野动物以及森林植物。动物以野猪、马、鹿等为主，还有数量较少的猴、狗、貉、狐、棕熊等。

正是这山清水秀、物产丰富的自然环境，使得北首岭有机会创造出新石器时代 1500 余年的文明。如今，我们只能通过北首岭遗址的风貌来窥探、寻觅当初人类的生活踪迹。

存在过的“痕迹”遗址

法医学中有一条很有名的定律——凡有接触，必留痕迹。在北首岭生活过的人，也把他们存在过的“痕迹”留在了这里。

遗址分区

依照考古学家数次对北首岭的发掘，北首岭遗址一共被分为 6 个区。

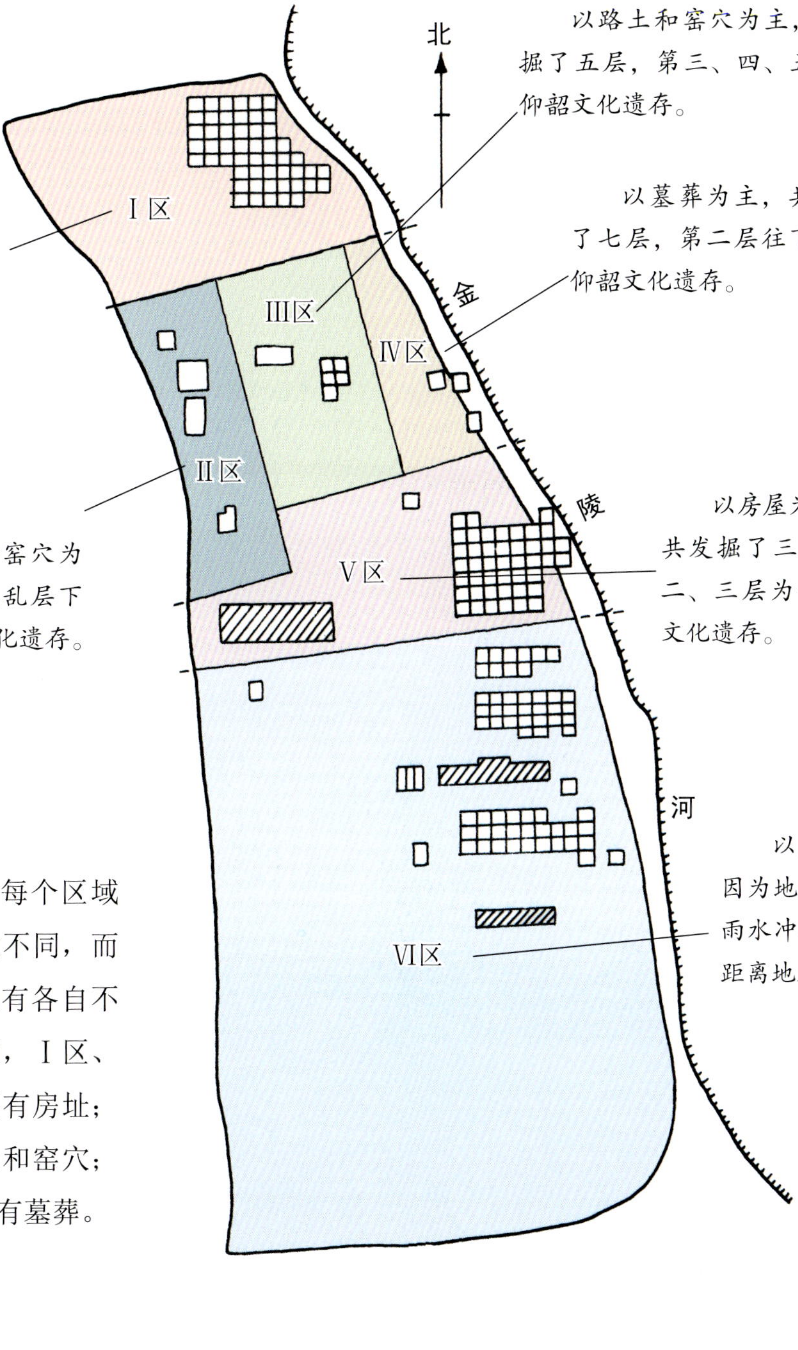

在发掘中，每个区域发掘的地层层数不同，而且，每个区域也有各自不同的特点。比如，Ⅰ区、Ⅱ区和Ⅴ区主要有房址；Ⅲ区主要有路土和窑穴；Ⅳ区和Ⅵ区主要有墓葬。

地层与文化堆积

在发掘中，考古学家发现，北首岭遗址发掘区的地层有时间上的差异。按照不同堆积时期，北首岭的仰韶文化堆积层可以分为晚期地层、中期地层和早期地层。一般来说，晚期地层叠加于中期地层之上，而中期地层叠加于早期地层之上，不同时期的地层都有着不同的文化堆积特点。这些特点主要体现在陶器、房屋和墓葬上。

我们以一个区域的地层为例，向大家展示北首岭发掘的地层堆积情况。

	近代	厚0.5米，里面发现了近代的瓷片和铁钉等。
	汉唐时代	厚约0.5米，在里面发现了汉唐时代的瓦片等，为汉唐时期堆积层。
5742±110年—6035±140年	仰韶晚期	灰黄色土，厚1～1.3米，属于仰韶晚期堆积，出土有重唇瓶、厚唇瓮、陶片等。这一层还发现了仰韶时期道路的遗迹。
6120±140年—6790±140年	仰韶中期	灰土，土质松软，厚度为0.8～1米，属于仰韶中期堆积，其中出土了直口瓶、直腹罐、圆底钵等残片及数量较多的兽骨。
6790±140年—7100±140年	仰韶早期	灰土，土质较硬，厚度为0.7米，属于仰韶早期堆积，除了与第三层相同的出土物之外，还发现了三足罐、圈足罐、小口罐、深腹碗等残片以及少量兽骨。

北首岭发掘的纵向地层堆积（局部）

专家研究发现，早、中、晚三个时期的文化遗存之间是有密切联系的，存在一定的发展和传承的关系。比如，早期是数量不多的钵、碗、壶等器物，而中期大多数就是常见器型；早期彩陶很少，中期彩陶的数量和纹饰都更丰富了。在村落布局方面，也能看到这种传承：早期的墓地多建在遗址东部，到了中期墓地开始迁往东南部，晚期则继续沿用那里作为墓地；中期所开辟的广场，晚期仍继续作为广场……这对于研究仰韶文化的发展具有重要的意义。

北首岭人

几千年前的北首岭人到底长什么样子呢？那时没有照片，北首岭人也没有精准的人体画像，于是，人类遗骨就成为现代人研究他们的重要资料了。

专家们通过对中国科学院考古所 1958 年在北首岭发掘出的人骨进行研究、分析得出：北首岭人头骨的头型以椭圆形和五角形占多数，颅顶缝大多数非常简单，眉骨较低，眼眶呈较为圆钝的四边形，鼻梁低、鼻骨宽度一般，颧骨突出。从这些特征中，专家们进一步得出了结论——北首岭人属于蒙古人种，也就是我们现在经常所说的黄种人。不过，在专家们所研究的北首岭人遗骨中，也有少数眉骨高、前额突出、上颚前突的个例——专家猜测，这些是属于黑色人种的特征，或者是新石器时代人的原始特征。

北首岭人的智商如何呢？我们知道，晚期智人的脑容量为 1200 ～ 1500 毫升，平均按 1400 毫升计算，达到现代人的变异范围。北首岭男性的脑容量为 1472.04 毫升，女性为 1325.36 毫升。所以说，北首岭人的智力，特别是男性的智力，与现代人是一样的。再看身高，北首岭人介于 162.34 ～ 175.30 厘米之间，平均身高为 168.82 厘米。综合北首岭人的外貌、脑容量、身高来看，北首岭人就是现代人。

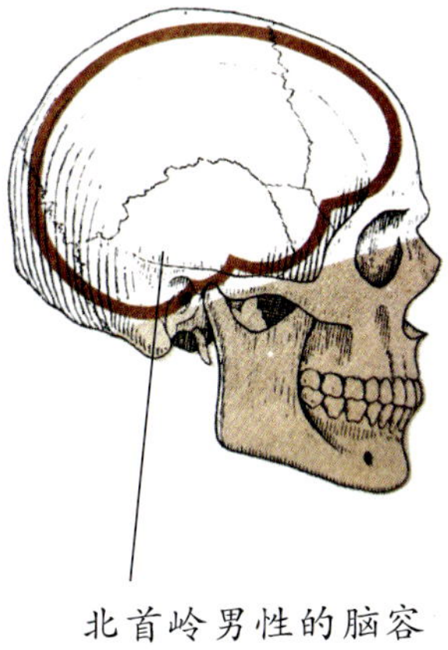

北首岭男性的脑容量为 1472.04 毫升，与现代人的脑容量几乎一样，据此可以推断北首岭人的智力与现代人是一样的。

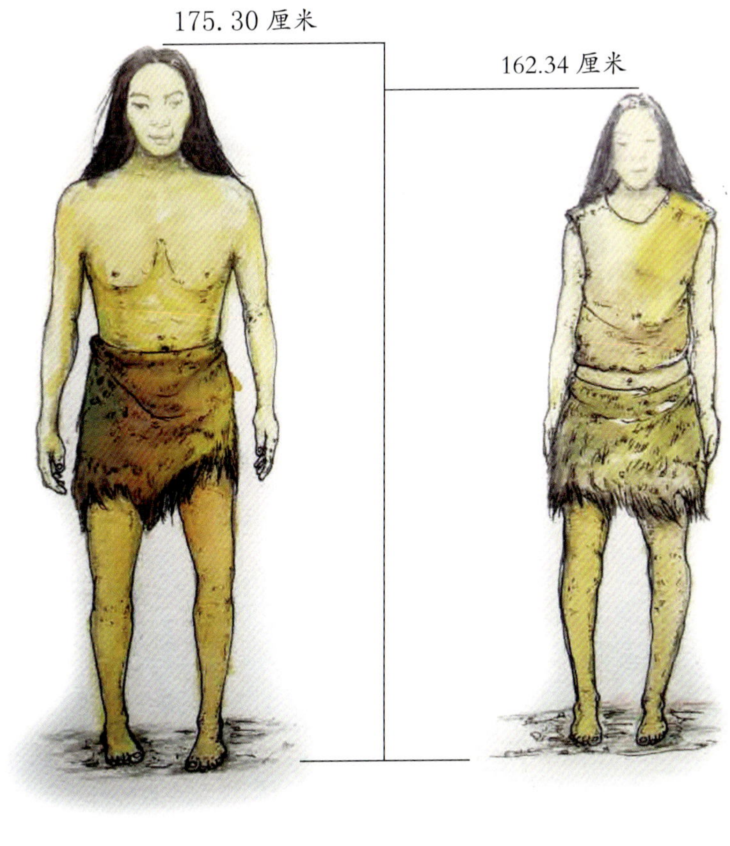

安身之所　北首岭人的聚落与房屋

经过多次考古发掘，专家们基本可以断定，已经发掘的北首岭遗址 6 个区域 4727 平方米属于北首岭遗址的核心范围。从遗址发掘中可以看出，6 个区域中、晚期的发展已经形成了一定的规模，区域的布局也有一定规律性。北首岭先民们在这里聚集成群，过着相对稳定的部落生活，并且建造了他们的安身之所。

北首岭人的聚落分布

中心广场

考古学家发现了一个南北长 100 米、东西宽 60 米的广场，这里的路土是经过人工加工的，其中含有料姜石、红烧的碎土块，路面还有被烧红的痕迹，广场中心东侧有多个不规则的柱洞，并且发现了大量被烧烤过的动物骨骼。

中心广场对于北首岭人有着重要的意义。可以推测出，中心广场是带有原始宗教色彩的地方，北首岭人会在这里进行集会、祭祀、设宴、庆典等活动。

围绕中心广场建造房屋

从北首岭的遗存中可以推断出，当时聚落的房屋都是围绕着中心广场建造的，大部分房屋的房门也是朝着广场开的，而且，房屋的整体分布体现出在广场的西边和北边、东边和南边的房屋遥相对望的情况。

围绕中心广场建造房屋，也是原始氏族部落的典型规划。这一点，不只是北首岭，不管是在国外遗址中还是在国内同一时期的半坡、姜寨遗址中，都可以看得出。不过，对于这种建筑方式而言，几乎有一半的房屋都会出现日照不足、通风条件差的问题。北首岭人为了保证整体布局而牺牲居住条件的舒适性，这是由当时生产力低下而且阶级尚未分化的以公有制经济为基础的集体生活所决定的。

较为集中的墓葬区

在整个聚落中，墓葬主要分布在东南方向，其他区域分布较少。发掘Ⅳ区和Ⅵ区是墓葬分布很密集的区域，很可能是当时的公共墓葬区，这些区域的东边是金陵河水冲刷后形成的断崖，估计有相当一部分墓葬在河水长年累月的冲刷下已经毁掉。

陶窑、水沟、路土

陶窑是先民们烧制陶器的地方，在北首岭一共发现了四座陶窑。非常遗憾，这些陶窑的保存情况都不是太好，有的甚至很难看出原貌。

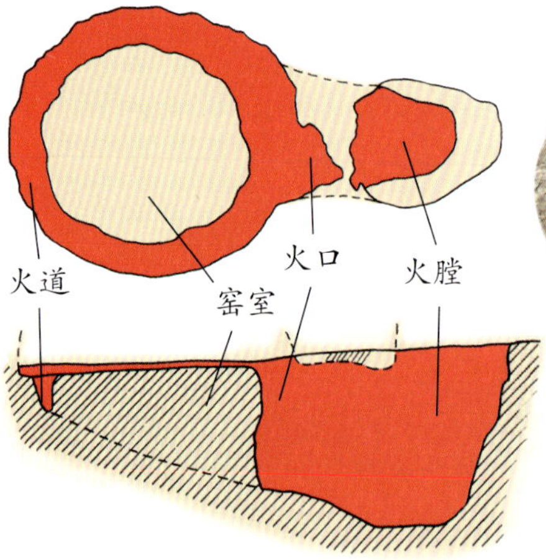

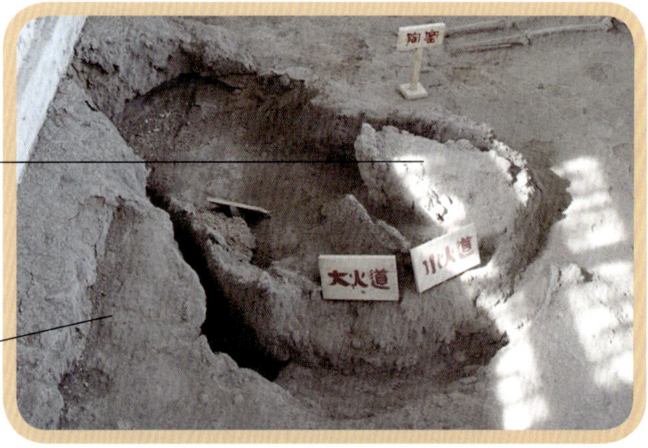

窑室底部是一个土台子，直径约 1 米，四周挖有一道环带形火道。

这一处陶窑保存较好，全长 2.6 米、宽 1.4 米。

在北首岭遗址中，共发现了两道水沟。据专家分析，这两道水沟都是在中期偏早的时期建造的。

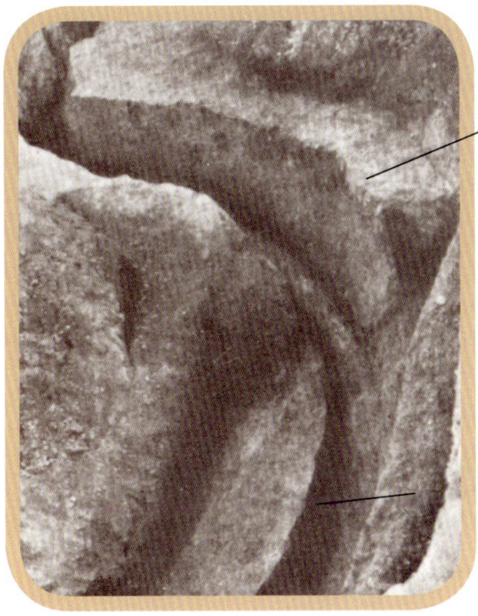

S 形水沟。水沟口部宽 0.5 ~ 0.7 米、深 0.6 米，只清理了长约 10 米的一段。

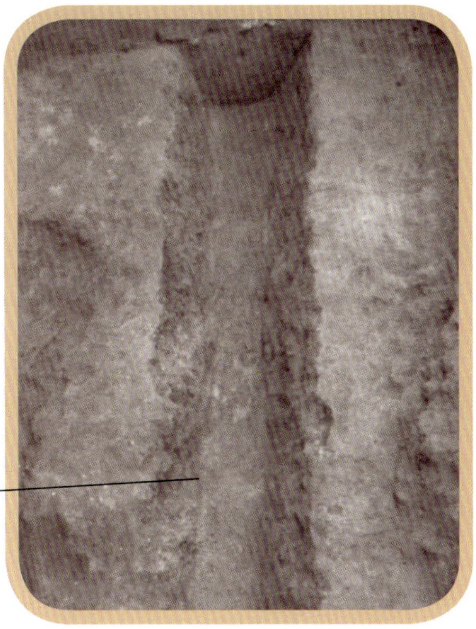

直线形水沟。水沟口部宽 0.7 米、深 0.5 米，只清理出长约 5 米的一段。

发掘中，考古学家在Ⅲ区多处发现了仰韶时期的四层路土，其南北长 100 米，东西宽 60 米。

这些遗迹是北首岭先民们在此生活多年而留下的。

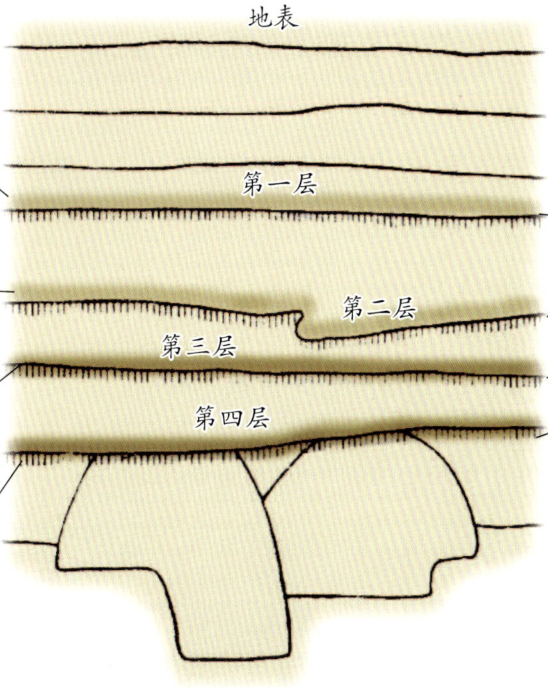

灰坑

除了房屋、陶窑、路土、水沟等遗存之外，灰坑也是探寻先民遗迹不可忽视的一部分。甚至，灰坑的包含物会更丰富，它包含了当时人们有意或无意留下来的各种物品。灰坑有可能是垃圾坑、储物坑或者祭祀坑等。

灰坑

在考古学业界有个约定俗成的看法，认为所有凹陷的坑状遗迹都可以被称为“灰坑”，这也是一个中国特色的考古名词。

在北首岭发现的仰韶灰坑共有75个，遍布于各个发掘区。这些灰坑大小不一，口径0.5～3.4米，深0.45～2.5米。大多数灰坑口径1～2米，深1～1.5米；形状各异，有袋形（这种灰坑在北首岭的灰坑中所占比例最大）、直筒形、锅底形、方形、长方形、椭圆形、不规则形等多种。

北首岭遗址灰坑中的填土，大部分都是灰土。这种土的特点是土质松软，包含较多的木炭末、红烧土碎块、灰烬等。出土的遗物也比较多。个别早期灰坑填土比较硬实，出土的遗物也相对较少。

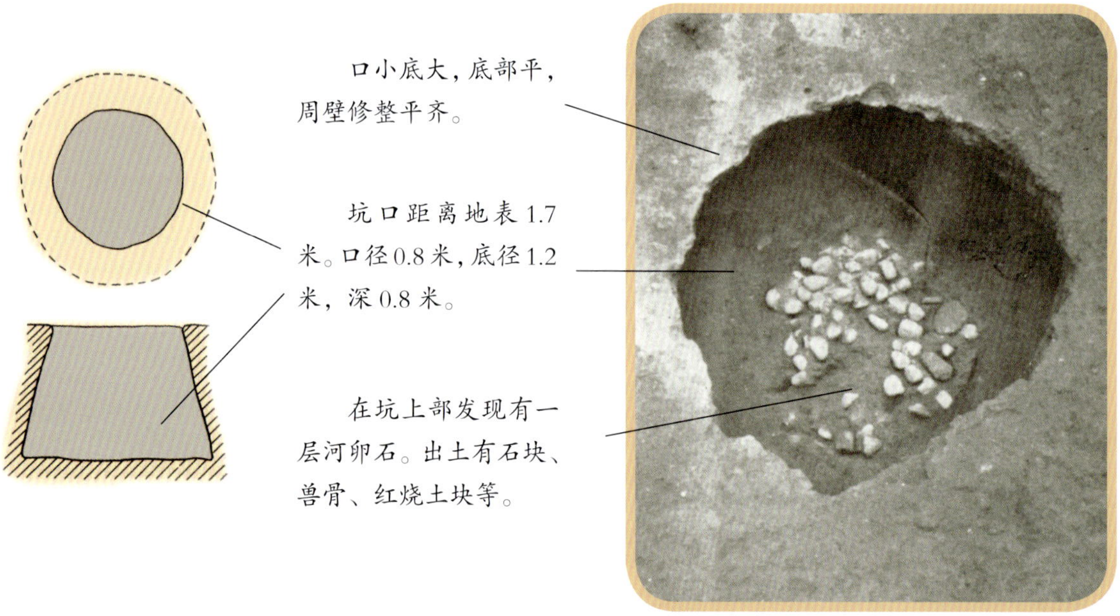

袋形灰坑一

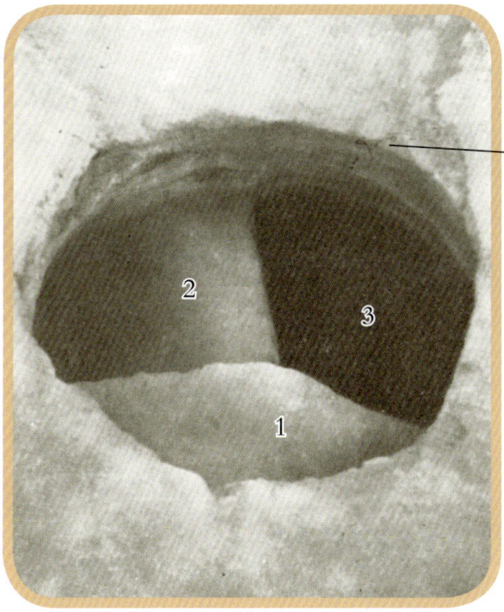

坑口距地表1.2米。口小底大，口径1米，底径1.3米，深1.4米。底平，有两级台阶。坑壁修整得十分整齐光滑。近底部有白色颗粒，触之即碎成粉末，可能是谷类腐朽的痕迹。

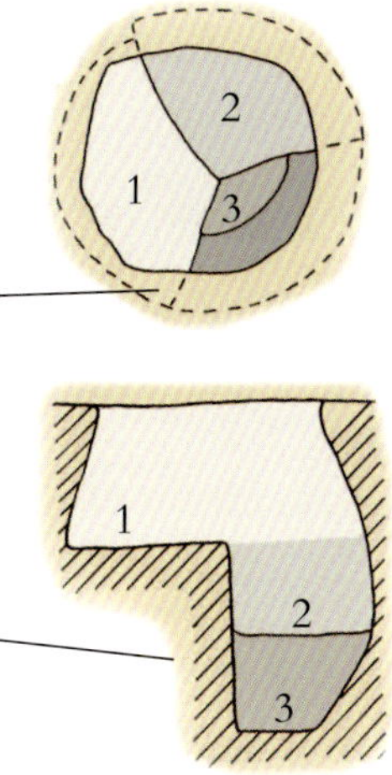

袋形灰坑二

1. 第一级台阶　2. 第二级台阶　3. 坑底

北首岭的房屋

在围绕中心广场的50座房屋遗址中，凡可以看清形状的均为半地穴式房屋，有22座房址因为过于残破而状况不明。绝大多数房屋呈方形或者长方形，只有一座房屋为圆形。所有房屋中，面积最大的为88.26平方米，最小的8.7平方米，大部分房屋面积都处于12～30平方米之间。

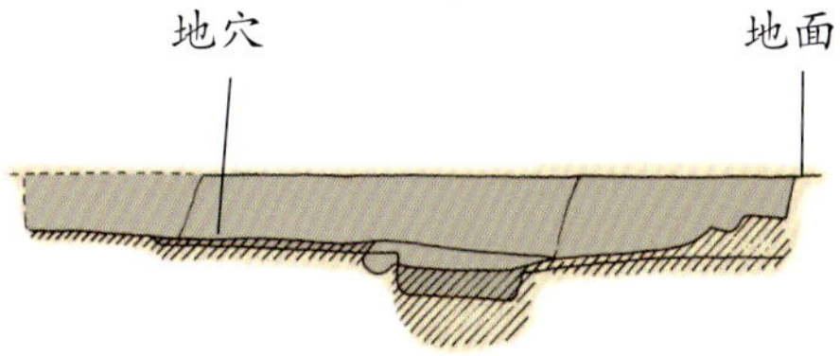

半地穴式

半地穴式建筑是古代北方民族的建筑风格，这种建筑有利于防寒保暖，与现在的窑洞有异曲同工之妙。它有一部分深入地下，不仅冬暖夏凉，还能抵御野兽的侵袭。

房屋结构

北首岭遗址的房址形状分为方形和圆形，各个房屋都会有一个窄长的门道开在一面墙的正中间，并凸出于门外。房址的墙壁大多数都涂有草拌泥和料姜石浆，有的先抹草拌泥，有的先涂料姜石浆。有时涂抹之后还会使用火将墙壁烤成硬面，因此，墙壁一般都十分光滑平整。房屋的居住地面都是平坦而且结实的，有的是经过长期踩踏后形成的路土，有的是经火烧烤后形成的硬土面，也有一些抹了草拌泥和料姜石浆。所有房屋，都设有灶坑，灶坑的位置，在房屋前部接近门道的地方，灶坑的一端正对着门道。

北首岭遗址房屋还原图

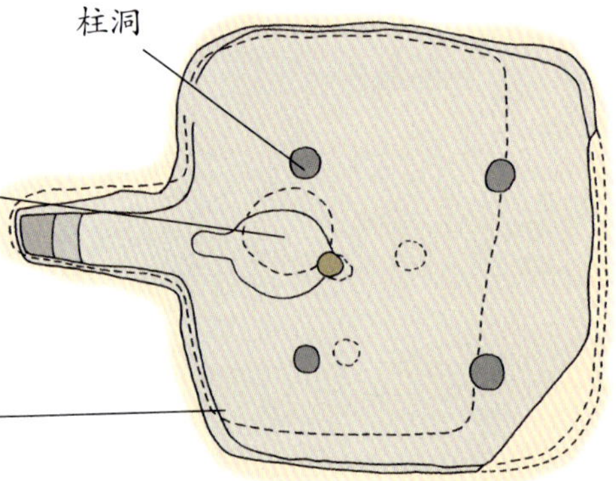

此外，在大多数房屋遗址都发现了柱洞，柱洞位置多在房屋居住面的四角附近，但有少数房屋除在居住面死角附近有柱洞之外，还在居住面紧靠半地穴周壁设有许多柱洞。有的柱洞抹有草拌泥，有的柱洞经过拍打，十分坚硬。

房屋种类

根据房屋的形状、设施和建筑情况，可以将北首岭的房屋分为三种类型。

方形大房子

50座房址中，有3座方形房屋，面积较大，一般在34.2～88.26平方米，居住面的一角有一个方形或长方形的土台。灶坑呈桃形，大而深。半地穴的四壁垂直，居住面上有4个柱洞。

在居住面的东北角，有一个高0.13米，长2.6米，宽1.5米的小平台，台面平坦，略微凹陷，面上涂有一层草拌泥。

居住面四角附近，各有一个柱洞，柱洞直径为0.5～0.6米，深度超过了1米。柱洞的内壁经过了拍打，比较结实。

门道开在东墙的正中，长2.5米，宽0.7米，以窄长的斜坡状凸出于屋外。由于长期踩踏，门道底部形成了一层很硬的路土。

这是Ⅱ区的房址，面积为88.26平方米，是北首岭房屋遗址中最大的一座。

灶坑为桃形灶坑，坑口东西长1.42米，南北宽1.2米，底部东西长0.92米，南北宽0.59米，深0.8米。

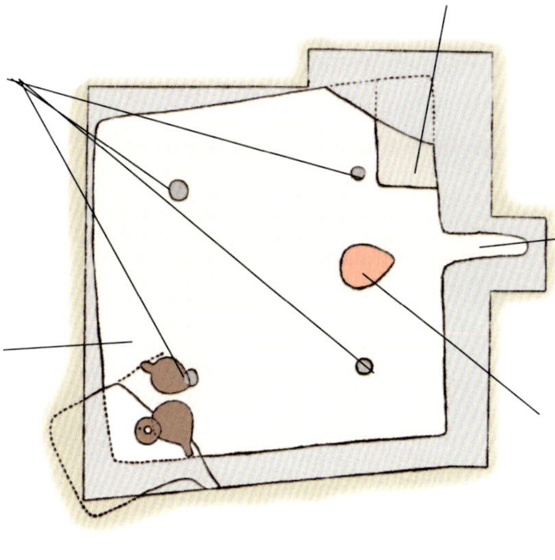

Ⅱ区方形房屋房址示意图

这种房屋也许是北首岭聚落氏族的头人和儿童所居住的地方，或是氏族各自的议事、祭祀、庆典、集聚的中心。

方形或长方形中型房屋

这种房屋的形状为方形或者长方形，面积比第一种房屋要小，一般在8.2～34.2平方米，灶坑形状为瓢形。

这种房屋的柱洞设置有两种：一种是在居住地面上有2～4个柱洞，这种比较多见；另一种比较少见但很有特点，就是除了居住地面上有1～8个柱洞之外，还在半地穴墙壁处有间隔地设置2～22个柱洞。

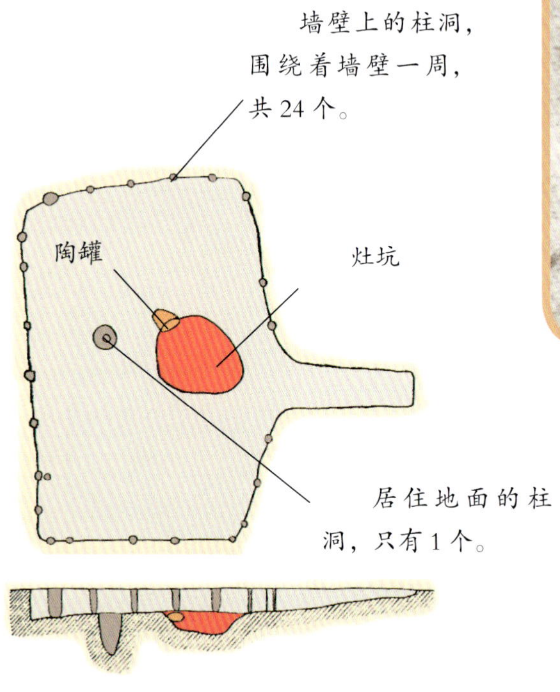

长方形房屋示例

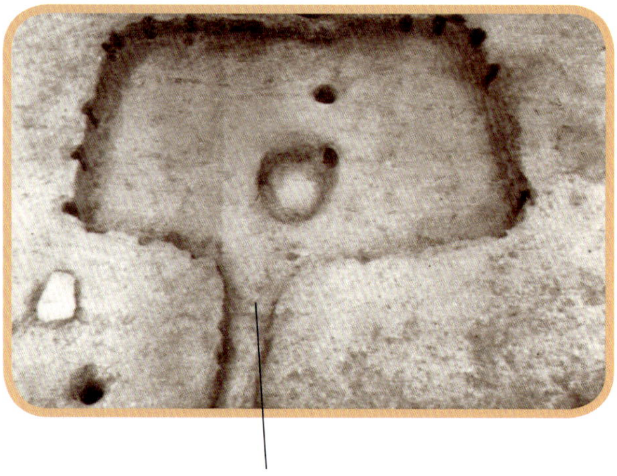

这个长方形房屋东西长4.2米，南北宽2.9米，面积12.18平方米。居址每个柱洞都是一半在居住地面上、一半在墙上。

圆形小房子

这种房屋为圆形，面积很小，约 11 平方米，在北首岭只发现了 1 座。房屋结构简单，可能是一种圆锥形的窝棚式房屋。

圆形房屋示例

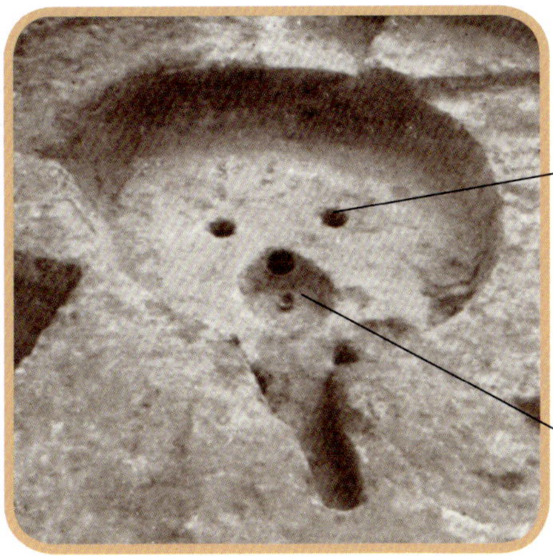

屋内发现了 2 个柱洞，口径为 0.22 ～ 0.24 米，深 0.45 米。

灶坑开在房屋的西北面，形状呈椭圆形。

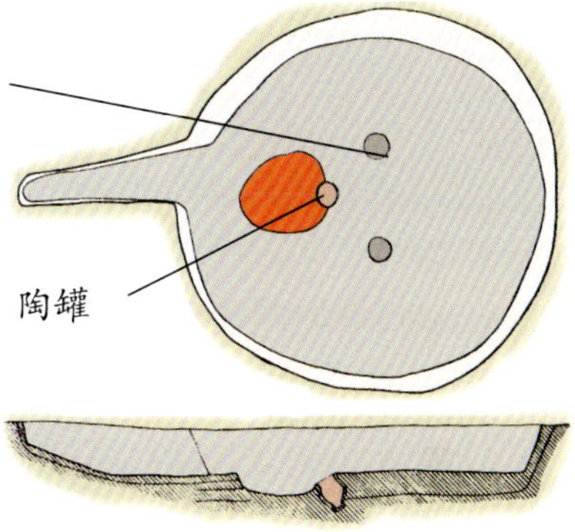

建筑技术的突破

北首岭房屋虽然有大有小，几种房屋有一些细节上的差别，但建筑结构却基本一致，它们建造上的共同点还是很明显的。比如：房屋都是用半地穴作为屋墙，所有房屋的门道都是一个窄长的通道而且凸出了屋外，灶坑都设在门道附近并且正对门道，墙以及居住面大多经过人工处理，抹有料姜石浆或草拌泥。

以圆房子的建造过程为例，可以大体了解半地穴式房屋建筑。

在当时，北首岭人只有最原始的建筑材料，比如，泥土、木料、葛藤、草、竹子、料姜石等。他们用苇子和竹子编织成墙壁，再用草拌泥或料姜石浆涂抹、烧烤烘干，制成墙壁。

挖出半地穴房屋地面

在房屋中打上支柱

在房屋四周打上支柱

用草拌泥或料姜石浆涂抹

烧烤烘干地面

当时的建筑材料除了木椽、草和料姜石以外，还有木板和苇子，有的红烧土块里有几根苇子捆绑在一起的现象。有的柱子上涂有草拌泥，所以呈现出一面平一面凹弧状，有的在木板上涂有草拌泥，所以烧土面比较平坦。

红烧土块

草拌泥土块

值得一提的是在发掘北首岭建筑遗址时，专家们发现北首岭先民有在屋顶上开设烟囱的痕迹，并且在房屋的某些地方进行了装饰。

从北首岭遗址发现的红烧土块的位置和形状来看，当时房屋在开门道的一面屋顶上开设有烟囱。当时的顶囱可能就在房顶的草拌泥上扎以小孔做成，囱顶设檐以防水。

当时的墙壁、门楣上已有一些装饰，出现平行斜线、曲折划纹之类的纹饰。

带孔的红烧土块

正面平整，表面抹光，有几组平行斜线、曲折划纹。

背面呈凹弧状，还有葛藤类植物捆绑的痕迹。可能是附着在门楣或柱子上的草拌泥装饰。

辛勤劳作　生产活动及分工

距今 7100 ～ 5600 年，先民们在北首岭这片土地上生活了大约 1500 年时间。在漫长的岁月里，北首岭的先民们在这里留下了无数生活和劳作的痕迹。考古学家们在这里发现了很多远古时代先民们生活、生产中所使用的工具。

北首岭人的工具

生产工具

北首岭遗址房址中发现的生产工具共 951 件，从材质上来分，这些生产工具可以分为石器、骨器和角器等。这些工具中有用于农业和日常生产活动的石斧、石铲、石锛、石凿、石刀、敲砸器、骨铲及陶刀等，它们数量较多，约占生产工具总数的 35%；有用于渔业和狩猎的工具，如石网坠、角矛和骨镞等，它们约占生产工具总数的 10%；也有用于陶器制作的工具，如陶内模，约占生产工具总数的 3%；还有用于制作生产工具的工具，如磨石、陶锉，约占生产工具总数的 52%。

用石头和木棍、藤条制作石斧。

出土的石斧

骨器

北首岭发现了不少使用动物肢骨制作的生产工具。其中铲 145 件，完整的约有三分之一，镞共 80 件，多数残缺。主要用于农业生产和狩猎活动。

骨铲，用动物肢骨制成，器身较长，一端保留肢骨的关节部分，一端磨出直刃。

骨器

骨镞，古人用兽（如牛、鹿）的腿骨等坚硬的骨骼切削磨制成的尖锐的箭头，绑在矛和箭的顶端。

骨匕

骨锥形器，长 10.3 厘米，宽 1.3 厘米，厚 0.3 厘米。器身扁平，长条形，两侧及顶部平直，一端斜磨，聚成器尖。器的一面磨平，一面有刻雕花纹，花纹为两道长的刻道，旁边附有 7 条斜向短道，器的两侧各有一道刻槽，用途不明。

角器

北首岭遗址中发现的角器都是用鹿角制成的，锄、矛、铲、凿，各1件。

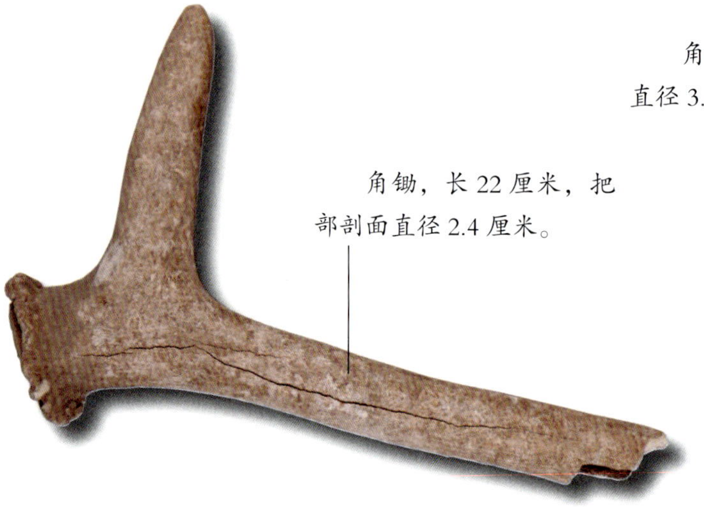

角锄，长22厘米，把部剖面直径2.4厘米。

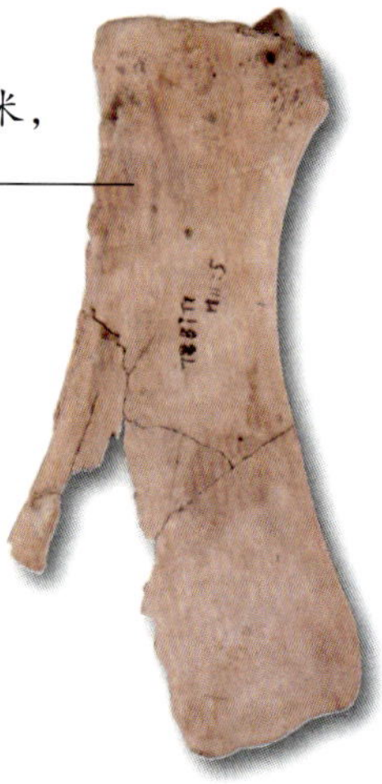

角铲，长13.9厘米，直径3.5厘米。

石器

石器是北首岭先民们生产工具中最重要的一种。这里出土的石器，材质和器型都多种多样。经鉴定石材主要有：辉绿岩、辉长岩、角岩、矽质角岩、角闪岩、角闪片麻岩、砂岩、玄武岩、花岗岩、石英岩，此外还有少量的片麻岩和矽化灰岩。器型主要有石斧、石铲、石锛、石凿、石刀、石网坠，还有用石头打制而成的敲砸器等。

石网坠是用来系在渔网下面，使得渔网迅速下沉的东西，一般都采用扁平的小砾石。

石斧可以用来打击野兽，砍伐树木等，一般用砾石打制而成。

石刀

磨石，粗砂岩制成。器面上有窄圆的沟槽。用于磨制圆锥体一类器物。长 12.2 厘米，宽 4.7 厘米，厚 2 厘米。

研磨石盘，用细砂岩制成，长 13.5 厘米，宽 9.1 厘米，厚 2.6 厘米。平面呈长方形，边缘修整平直。正反面皆为研磨面，长期使用会使石面略凹，正面中间用红颜料画有一个直径 3.7 厘米的圆圈。

陶器

北首岭遗址中还发现了用陶土做成的 1 件陶制刀，467 件陶锉（绝大多数残断，完整者极少。这种器物表面往往有摩擦的细线状痕迹，可以磨锉不是很坚硬的木质，或许是用以磨锉木质工具的。）

陶锉的制法是将陶土作成所需的各种形状，然后在器表嵌入粟粒状的草籽，经焙烧后草籽毁掉，于是器表形成蜂窝状的麻点。

陶刀长 5 厘米，宽 8.8 厘米、厚 1 厘米。用陶钵口沿打制而成，长方形，两侧有缺口，刃部微弧。

陶坯

生活工具

除了大量的生产工具之外，北首岭还发现了数量和种类都很丰富的生活工具。除陶制容器外，房址中还发现石、骨、陶等材料制成的生活用具 424 件，其中石器 36 件，骨器 366 件，陶器 22 件。这些工具中有用于粮食加工的有碾谷盘、碾谷棒和石杵，约占总数的 10%；用于纺线的有陶纺轮，约占总数的 5%；用于缝制衣服和穿制物件的有骨针、骨梭和骨锥，约占总数的 75%；其余还有刮削器和骨匕，数量甚少。

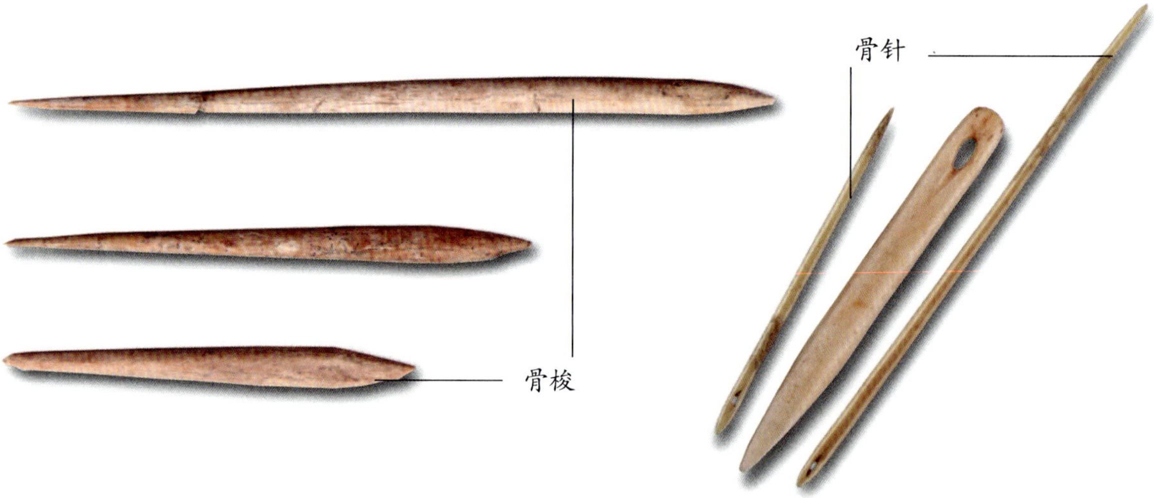

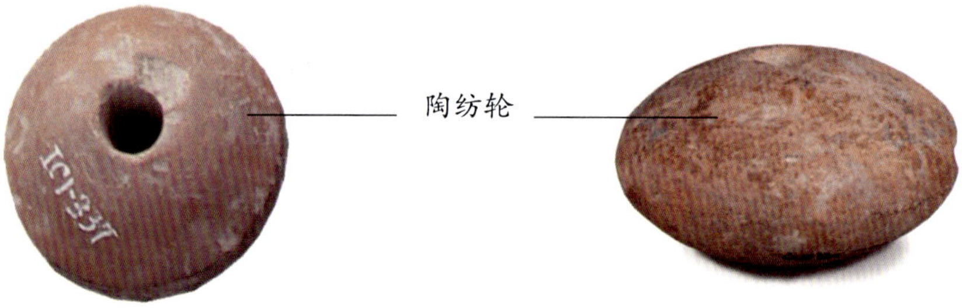

北首岭人的社会分工

尽管北首岭人还是处于集体劳作的氏族公社阶段，但他们的生活和生产活动已经出现了初步的社会分工。他们的生活生产中，有农耕、养殖、渔业、狩猎、采集、制陶、纺织等不同分工。

农业

北首岭遗址位于金陵河西岸的黄土台上，土地肥沃，气候温和，降雨丰富，是一片适宜发展农业的地方。从出土的大量生活和生产工具来看，用于农业生产的斧、石铲、石刀、骨铲、角铲、角锄、陶刀等工具数量很多，用于农作物加工的石碾谷盘、棒等工具也不少，说明农业在当时北首岭已经发展到了一定的水平。

在北首岭遗址出土的一件盂腹壁内外有粟粒痕迹，在一个灰坑的近底部有白色颗粒，触之即碎成粉末，被确定为谷类朽腐痕迹。这些直接的证据证明北首岭人已从事粟作农业，且粟作农业已经发展到普遍成熟的阶段。

1976至1977年，在河北武安磁山遗址的80个窖穴中发现有厚达2米以上腐朽粮食堆积。原有的储存量估算在5万千克以上。证明距今7500至7000年的新石器早期，我们的祖先就大面积种粟了。在距今6000年的西安半坡仰韶文化遗址内，仅在115号地窖中，发现厚达18厘米的腐朽谷子，在一个小陶缸中，还发现保留完好的粟种。还有山西万荣荆村、翼城牛家坡、宝鸡斗鸡台等多处新石器时代遗址的发掘都可以证明我们的祖先很早就开始了粟的种植。

在北首岭遗址出土的一件盂腹壁内外有粟粒痕迹。

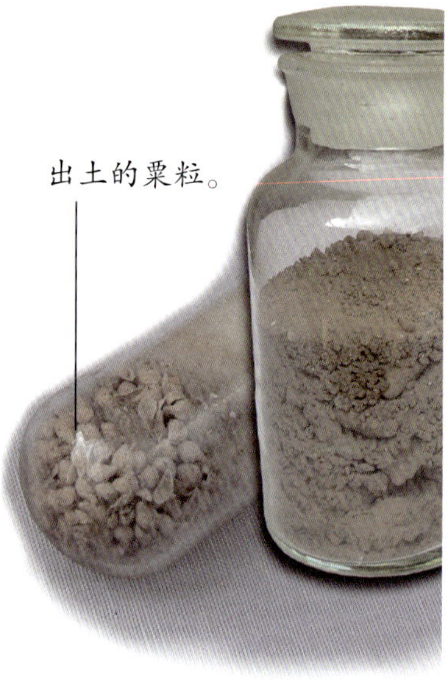

出土的粟粒。

渔业、狩猎和采集

遗址中发现的各种用于捕鱼、狩猎、采集的工具表明，当时虽然人们已经过上了以农业生产为主的定居生活，但捕鱼、狩猎、采集依然也是他们取得食物的方式。一些墓葬中的随葬品更是证明，在当时的北首岭，是有一部分特别擅长于狩猎的先民的。

纺织

在北首岭房址中出土的陶纺轮22件均完整，有的用细泥焙烧而成，有的用陶片打制或磨制而成。发现骨针55件，针体细长，上端有孔，锋利尖锐，通体磨光；骨梭5件，皆完整；用动物肋骨做成；还有骨锥282件。妇女们先用骨刀剥取野生植物——纻（苎）麻的纤维，然后用纺轮捻成线。当时的织布机是一种水平式的，一端固定经线，另一端系在腰际。操作时，手持骨梭左右穿引编织，这是纬线。经纬交织，麻布便织成了。

养殖业

在对北首岭遗址动物遗存进行研究，并与裴李岗、磁山和半坡遗址中发现的动物遗存进行比较后作出判断——我国仰韶文化时期已经有了一批相当成熟的家畜和家禽，种类包括：猪、狗、牛、鸡，可能还有驯养的鹿类（或者说半野生的鹿群）。根据发现的幼猪骨头，可以推断当时人们已经驯化了野猪并且把它们作为了最主要的家畜来饲养。

手工业

北首岭大量的骨制品以及石制生产工具表明，当时的北首岭已经有专门从事制作生活、生产工具的手工艺人。考古学家在北首岭发现了很多精美的陶器，而且，从一些墓葬的随葬品中可以看出，墓主人生前是从事陶器制作的。

拇指形制陶工具，高6厘米，底径4厘米。

第三章

北首岭遗址遗珍

北首岭先民们不论在生产、生活还是在思想、文化及意识形态等方面已形成了文明的萌芽……

火与土的艺术　陶器

陶器，是人类第一次改变了一种自然物质而创造出的一种新物品，是史前时期最重要的发明之一，在科技史和人类文化史上均具有十分重要的意义。

陶器的发明，与人类知道用火有着密不可分的关系，被火焙烧的土地或者黏土因落入火堆而变得坚硬定型，启发了原始先民有意识地用泥土制作他们需要的器物。北首岭的先民，在五六千年前已经掌握了陶器制作技术。

在北首岭遗址中共出土了陶制器皿900余件，房址及地层出土的完整陶器及可复原陶器166件，陶片约10万多片。他们创造制作了千姿百态的器物，器物形式多样、制作精巧。

陶器的制作

制作

这些陶器的制作，以手制为主，有手捏和泥条盘筑两种方法。少数器物的局部经过轮修，如罐、钵的上半部等。个别器物用两种甚至两种以上制法做成。如有的陶瓶上半部用泥条盘筑法制作，下半部则用模制，最后再粘接起来。

泥条盘筑法

泥条盘筑法是制作陶器的一种原始方法，制作时先把泥料搓成长条，然后按照陶器器型的要求从下向上盘筑成型，再用手或者简单的工具将里外抹平。用这种方法制成的陶器，内壁往往留有泥条盘筑的痕迹。

材质

北首岭的陶器一般采用细泥、粗砂、细砂为原料，以细泥红陶和粗砂红陶为主。细泥红陶多做成钵、碗、盆、瓶、壶、盂、器座、器盖等器形，粗砂红陶多用以制作罐、瓮、甑等器形。此外，还有数量不多的粗砂红褐陶、细泥灰陶、细泥黑陶、粗砂灰陶、细砂红陶等。

出土陶器

北首岭所出土的陶制器皿有在房址中发现的用于日常生活的，也有作为随葬品陪葬的。作为随葬品的大部分陶器的形式与房址的相同，有的陶罐下半部敷有一层泥，有明显的烟炱和火灼的痕迹，应该是生前使用过的陶器。墓葬中出土的陶器有一小部分器形在房址中没有出现过，即或有，器形也很小，且陶质粗糙，应当是明器。这些陶器的器型种类有鼎、碗、钵、罐、盂、尖底器、瓶、壶、盆、杯、瓮、甑、盘、器盖、器座等，每一种器皿又有着多种式样。

明器，古代人们下葬时带入地下的随葬器物，即冥器。

鼎

房址中发现 2 件，都是细砂红陶。直口，短颈，圆腹，平底，腹上部有一筒形把手，腹底部有三条略向外撇的柱状足，墓葬中的鼎共 10 件，仅见于早期墓中，陶胎薄，大多数形制很小，是早期墓随葬陶器的主要器型之一。绝大多数鼎是细砂红陶制成的，颜色较暗。

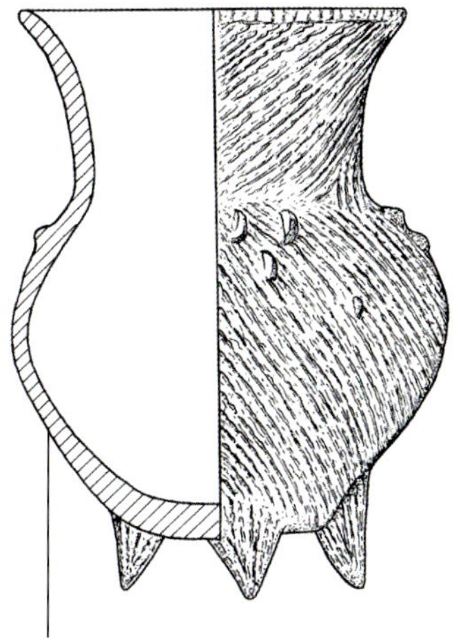

三足鼎线图，此鼎是明器，高 1.3 厘米、口径 9.4 厘米，通体细绳纹，腹上部有一周品字形三个一组的小泥钉。

双连鼎中间是实心的。

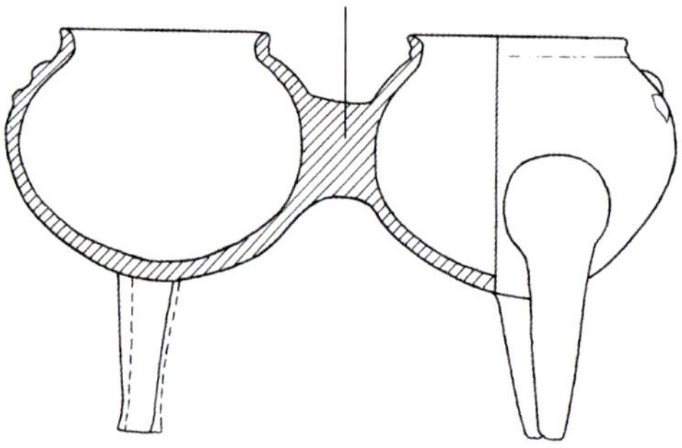

这个双连鼎是明器，高18厘米、通宽31.2厘米，厚0.5厘米，细砂黄陶制成。上身由两个相联的小口圆底罐组成，每个罐下均有两条圆柱状长足。素面，腹上部有三个一组的附加小泥钉。

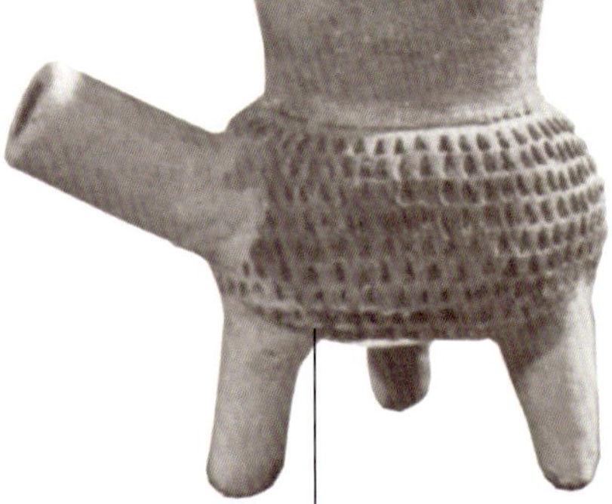

戳刺纹鼎，高11.5厘米、口径7.6厘米、腹径9厘米，足高3厘米，把长4.3厘米。

碗

北首岭出土的碗，大多用细泥红陶制成，少数为细泥灰陶或细泥黑陶。房址中发现了42件；墓葬中的碗相对房址中的体型较小，共79件。

深腹圈足陶碗，明器，假圈足，素面。形式与居址所出相同，但形制很小。高7.2厘米，口径10.7厘米，厚0.4厘米。

深腹圈足陶碗，口径19厘米，腹径14.2厘米。

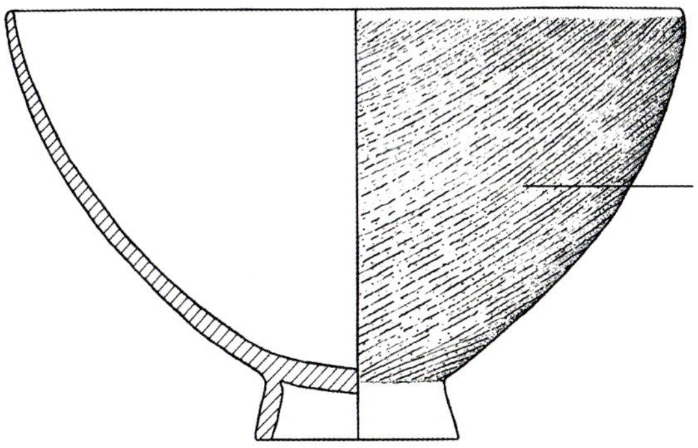

有些碗表面有斜行细绳纹。

这种器型的碗数量较多，不是很规整。这个碗高3.7厘米，口径9厘米，底径3.6厘米，器身饰有排成三角形的指甲纹。

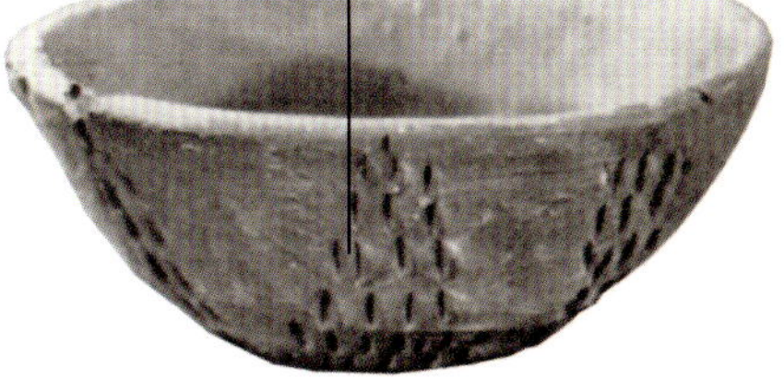

这种碗器形小而不甚规整，是用手捏而成，泥质红陶，素面。直口，直腹或接近直腹，平底，底径接近口径，器壁较厚。高5.3厘米，口径10.7厘米，底径9.3厘米，厚0.6厘米。

钵

房址中发现了 30 件，大多数为细泥红陶，个别为细泥黑陶 ；墓葬中有 239 件，均为细泥红陶，形制与房址所出基本相同，只有少数体型很小，可能是明器。

此钵是一明器，高 8.4 厘米、口径 21.2 厘米。口部附近有一道宽带黑彩，其上并有刻划符号“|”，近底部有四个两两相对的刻划符号“∠”。

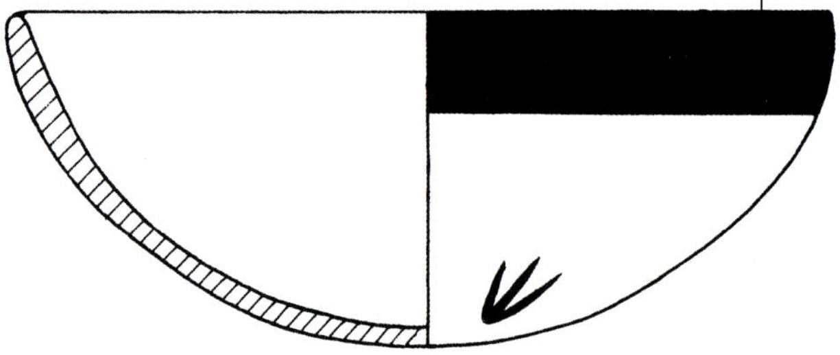

泥质红陶，高 9 厘米，口径 14.4 厘米，腹径 15.6 厘米。腹上部饰有斜行条纹黑彩。

泥质红陶，高 7.8 厘米，口径 15.6 厘米，腹径 15.6 厘米。口沿外壁有黑色宽带。

罐

陶罐的器形很多，多粗砂红陶，其次为细泥红陶，只有少量粗砂灰陶。房址中有陶罐43件，墓葬中有281件。房址和墓葬中的器型基本一样，样式有三足罐、圈足罐、小口罐、大口无唇罐、大口小平底罐、直腹小平底罐、圆腹小平底罐、圆腹平底罐、鼓腹小平底罐、深腹罐、敛口圆腹罐、筒形罐、折腹小平底罐、敞口坠腹罐等，多种多样。

三足罐，直口，短领，深腹，小平底，器身作竖置的鹅蛋状，底部有三个横长扁矮的疙瘩状小足，陶胎较薄，通身饰细绳纹，口部附近多饰压划纹和附加堆纹。

颈部有四个对称的小穿孔，可以系绳。

折腹小平底罐。明器，敛口，平唇，折腹，小平底，素面磨光。高12.5厘米、口径13.2厘米，腹径16.8厘米，底径4.6厘米，腹下部向内弯曲。

小侈口，束颈。

圆腹，平底，腹中部两侧有桥状耳。

小口罐，素面抹光，细泥红陶。高32厘米，口径6.4厘米，腹径31厘米，底径10厘米。

盂

盂是一种盛放液体的容器，多为细砂红陶。北首岭出土的陶盂虽然数量不多，但式样却相对比较丰富。墓葬中有 18 件，房址中有 9 件，墓葬中出现的样式较多。

波折纹圆腹平底陶盂，明器，器身上部施有波折纹黑彩。高 12.5 厘米，腹径 18 厘米。

圆腹平底陶盂，高 10 厘米，腹径 15 厘米。敛口，圆腹，腹下坠，平底，素面抹光。

尖底器

尖底器是中国新石器时代非常有特色的陶器之一，北首岭房址中出土了 3 件尖底器，墓葬中 4 件，均细泥红陶。

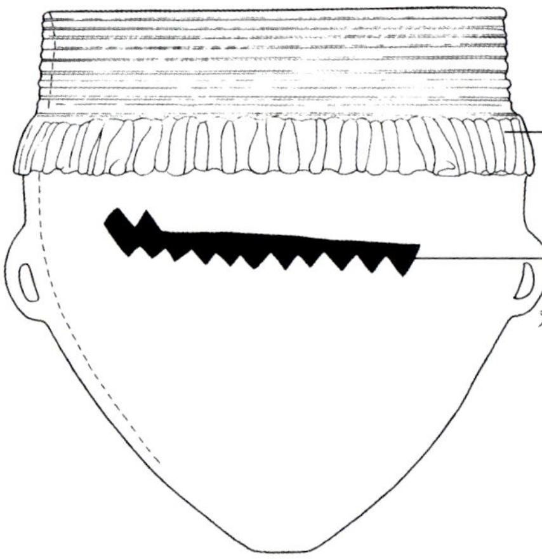

口下附近有弦纹，弦纹下有一周附加堆纹。

腹部两侧有两道相对称的锯齿纹黑彩。

尖底器复原图

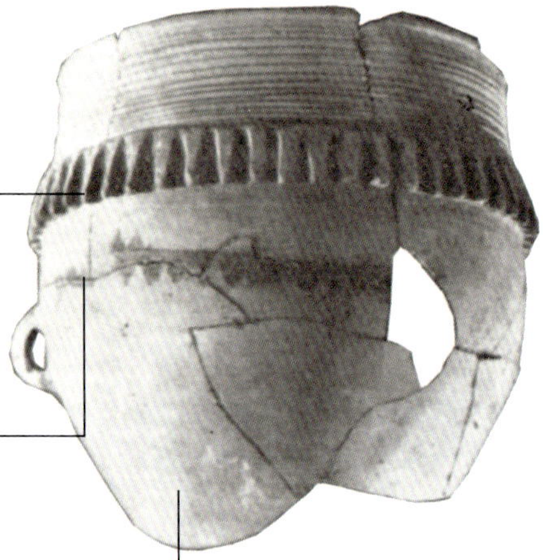

残缺的尖底器。残高 33.8 厘米，口径 33 厘米，腹径 35 厘米，厚 0.7 厘米。直口，深腹，底残。

明器，高49厘米，口径22.5厘米，腹径27厘米，底径6.5厘米。口微敞，唇厚，腹斜直，腹最大径在器身下半部，腹以下急剧收缩近尖，但尾端削平，底径很小。腹部施有波折纹黑彩。

黑彩符号

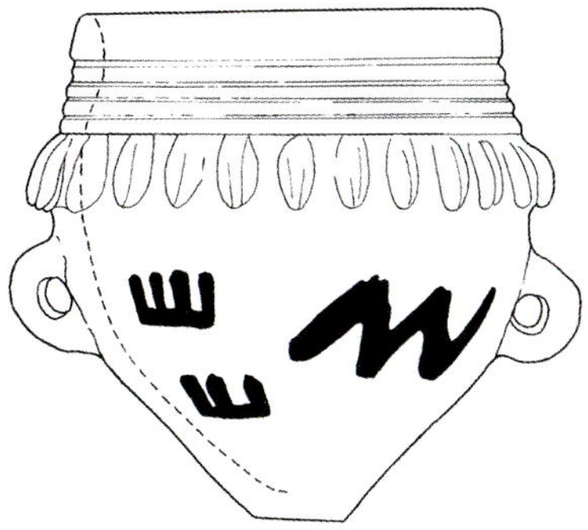

明器，直口，直腹，器身的下半部急剧收缩，几近尖状，但尾端削平。高16.5厘米、口径13.9厘米、底径3厘米、厚1厘米。

口部以下饰有四道弦纹，弦纹以下紧接着又有一圈鹰嘴状附加堆饰，器身中部有双耳。耳各有一小孔，器身下半部素面磨光，上面绘有黑彩符号。

瓶

房址中发现的陶瓶完整的不多，大多属于泥质红陶，少数为细砂红陶。

墓葬中有 58 件陶瓶，绝大部分为细泥红陶。器形基本上与各地仰韶遗址的尖底瓶相同，但底部平而不尖者居多，腹下部急剧收缩近尖，尾端削平，但底径很小。

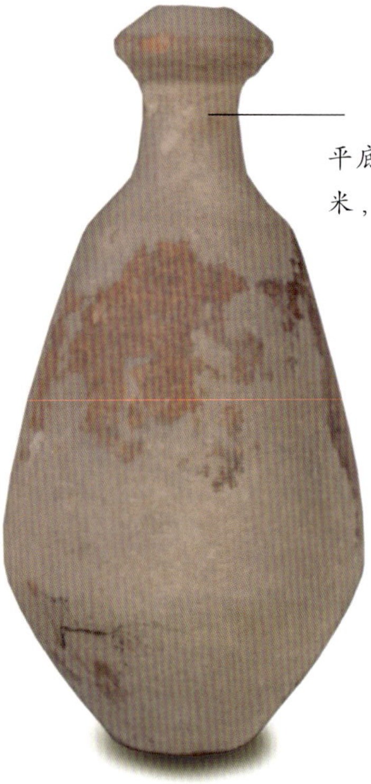

细长颈折腹小平底陶瓶，高 31 厘米，腹径 15 厘米。

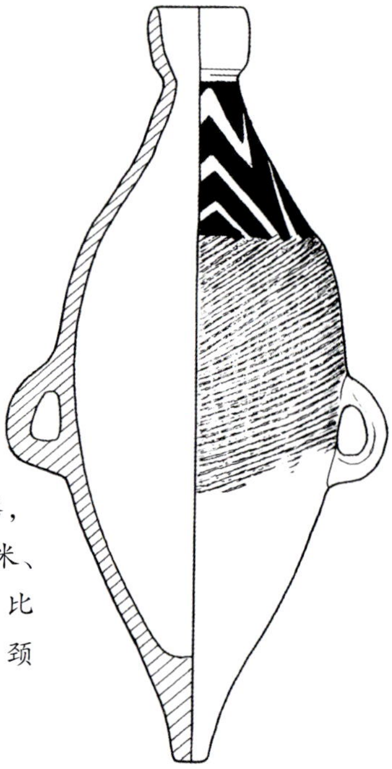

小口尖底瓶，明器，高 48 厘米、口径 5.7 厘米、腹径 17.1 厘米，底部比较尖长，腹饰斜绳纹，颈部有波折纹黑彩。

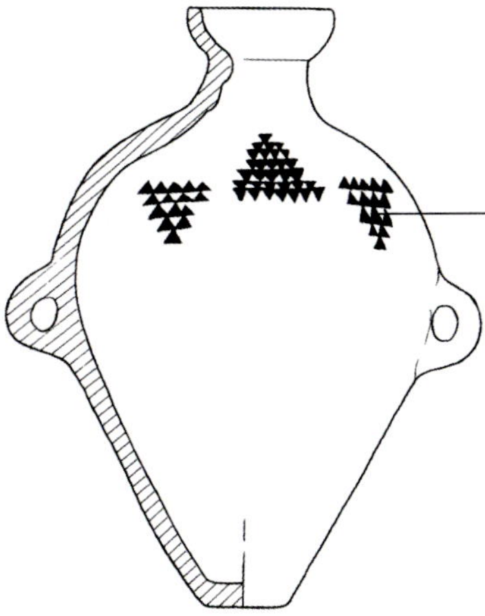

高 26.7 厘米，口径 6.5 厘米，腹径 17.4 厘米，底径 4.4 厘米。腹饰小三角砌成大三角的松塔状黑彩。

直口鼓腹双耳瓶，高 37.5 厘米，腹径 34 厘米。细泥红陶，直口，近似杯状，唇边微内弯，短颈，鼓腹，腹部最大径在器身中部，腹部有对称的双耳。

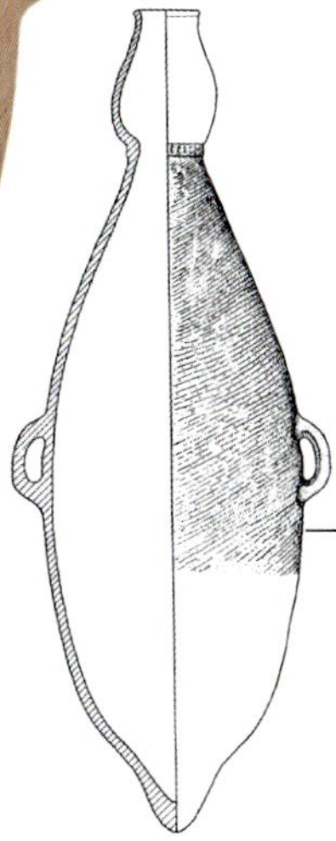

口部作葫芦形，腹壁作流线型，底呈尖锥状，腹侧有双耳。颈部有戳刺纹，腹部饰斜绳纹。高 83 厘米，口径 6.7 厘米，腹径 26.7 厘米。

壶

房址中只发现了 1 件，而墓葬中有 91 件。绝大多数为细泥红陶。形式很多，造型优美，是常见器形之一。

房址出土的壶，泥质红陶，高 15.5 厘米，口径 4.6 厘米，腹径 11 厘米，底径 5.5 厘米。口微敞，短颈，折腹，平底。

壶身一周遍布戳刺纹。

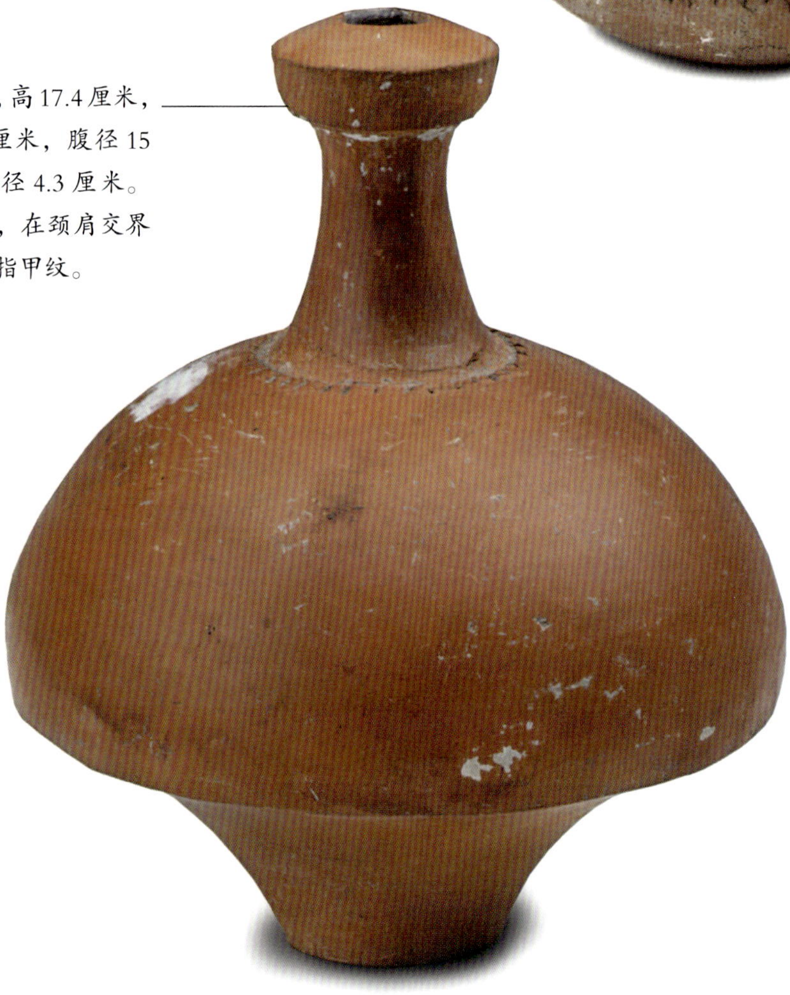

陶壶，高 17.4 厘米，口径 1.4 厘米，腹径 15 厘米，底径 4.3 厘米。素面抹光，在颈肩交界处有一圈指甲纹。

葫芦形红陶壶

高 13.5 厘米，口径 4.3 厘米，腹径 11.7 厘米，底径 6.3 厘米。素面，腹中部有一道稍微向上翘起的凸棱。

算珠口圆腹小平底陶壶，高 20.5 厘米，腹径 15 厘米。

明器，口部葫芦形，腹下坠，最大径近底部，平底，整个器形像个葫芦。

几何纹折腹小平底陶壶、高16厘米，腹径11.5厘米。

颈部较大，作花苞状，内壁弯曲，颈腹相连不分，折腹，平底。明器，高35厘米，腹径19.7厘米。

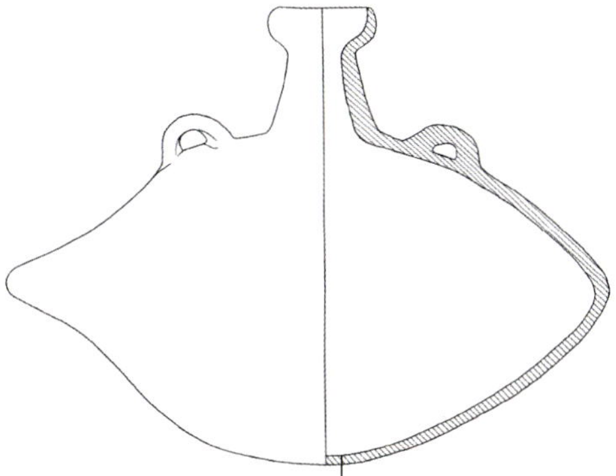

船形壶，高24.5厘米，口径5.5厘米，宽31.6厘米，素面，腹部的一端尖得像橄榄，另一端尖得像锥子。

盆

房址中的盆共 15 件，大多为泥质红陶，少数为粗砂红陶，个别为细泥黑陶。墓葬中的盆共 13 件，均细泥红陶。陶盆的样式也比较多，不过有一些已经只剩下残片了。

黑彩鱼纹盆，此是葬具，高 15.8 厘米，口径 36.4 厘米，唇宽 2.8 厘米，器外素面，器内磨光。

唇上施黑彩，用彩色空间表示出斜道纹样，器内壁绘有黑彩鱼纹三条，画法简单。

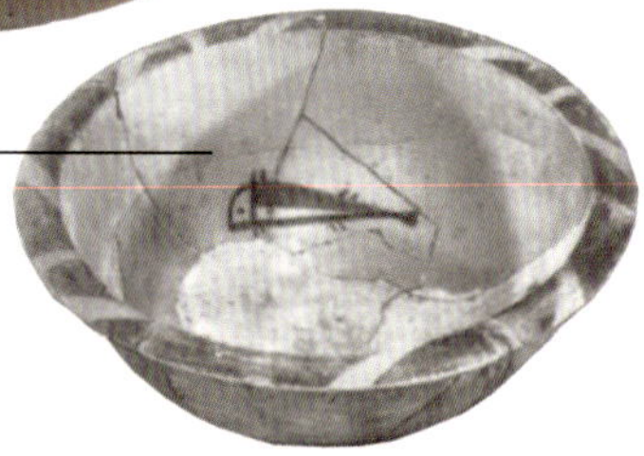

直口陶盆，窄平唇，直腹，平底，器身矮，素面，高 4 厘米，口径 17 厘米。

敞口陶盆，腹斜直或向内弯曲，状似现代花盆。泥质红陶，高 18.1 厘米，口径 29.4 厘米，底径 18.5 厘米，素面抹光。

口稍敛，腹径略大于口径。

双鱼纹陶盆，大口，窄唇，折腹，圆底。细泥红陶，高 14.8 厘米，腹径 32 厘米，腹饰黑彩鱼纹。

瓮

瓮主要被用来储存水或者食物。房址中瓮的残片非常多，但可以复原的只有2件。墓葬中为素面瓮，共23件。

此瓮为葬具，粗砂红陶。敛口，圆唇，耸肩，圆腹，平底，器身饰斜绳纹，高33.8厘米，口径32.5厘米，腹径38厘米，底径11厘米，厚1厘米。

此瓮为葬具，粗砂红陶，直口，薄唇，耸肩，圆腹，平底，高58厘米，口径27.8厘米，腹径46.2厘米，底径16厘米，厚1厘米。器身中部腹侧有双耳，通身饰斜绳纹。

粗砂红陶，高46.5厘米，口径32.2厘米，唇宽2.2厘米，底径16厘米。直口，平唇，近直腹，平底，腹饰斜行粗绳纹，并有两道附加堆纹。

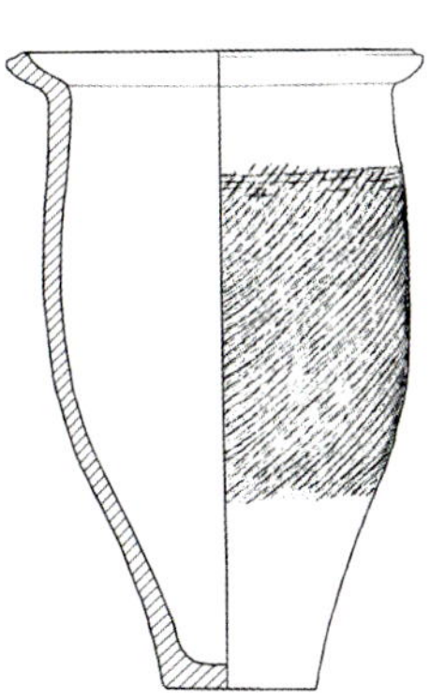

器盖

器盖是用来盖住某些器物口的物件。房址中出土了 6 件，墓葬中有 2 件。粗砂红陶及细泥红陶均有。

居址中出土的器盖，粗砂红陶，状如覆钵。大口，平唇，顶部有空心把手，通高 16.3 厘米、口径 31.4 厘米、把手高 4.4 厘米。器身有四个鸟喙状钮，通身饰斜绳纹。

墓葬中的器盖，作半球形，顶部有空心把手，素面。细泥红陶，高 14.2 厘米，口径 25.2 厘米，把高 4 厘米。

釜

仅墓葬中出土了 1 件，为细泥红陶。

高 16.3 厘米，口径 18.5 厘米，腹径 27.7 厘米，厚 0.8 厘米。敛口，圆唇，圆腹，圆底，素面。

器座

器座是用来放置圆底陶器的。房址中出土了 6 件，均为细泥红陶，在墓葬中没有发现。

此器座敞口，束腰。表面无纹饰。高 4 厘米，上口径 12.2 厘米，腰径 10 厘米，下口径 13.5 厘米。

这个器座呈筒形，直口，直腹，底空，底边略向内勾，腹部有四个小圆孔。用泥条盘筑法制成。高 10.8 厘米，上口径 14 厘米，下口径 15.5 厘米。

器座的作用应该是放置尖底器或陶钵等器物的。

陶器的装饰

北首岭陶器的纹饰是多种多样的，有使用各种工具在器胎上压印或刻划出的绳纹、弦纹、附加堆纹、指甲纹、戳刺纹、划纹、压划纹、席纹、植物碎屑纹、镂孔等。还有用彩绘的方式装饰陶器，一般是直接在器胎上绘画纹样。少数彩陶是在器胎上先涂一层红彩，白彩或灰白色彩为地，然后再画花纹。只有一件陶碗是陶器烧好后再绘画花纹的。

施彩的位置一般在钵、碗、器盖的口沿处，盆多施于唇沿和腹上部，个别施于内壁，盂、瓶、壶、罐多施于腹上部或肩部，尖底器几乎通身施彩。

压印或刻划的纹饰

绳纹

绳纹是数量最多的一种纹饰，有粗、细之分。

粗绳纹的纹道不仅宽，而且深，多见于罐、瓮、瓶等主要器型上。其排列方式多为斜行，有相当一部分为交错排列，很少有竖行的。粗绳纹多数只饰在器身上部，只有少数施遍全身。此外还有用绳子在器口上压印出“花边”的。

交错排列的绳纹纹道较短，可能是用陶拍拍打出来的。

斜行排列的绳纹纹道较长，可能是用滚压的办法产生出来的。

细绳纹纹道不仅细，而且也比较浅，但是仍很清晰。细绳纹多施于三足罐、圈足罐、圈足碗等陶胎较薄的器形上，个别也见于罐上。其排列方式，除了斜行之外，还有竖行，交错排列者则较为少见。这种绳纹，往往饰遍全身。

弦纹

弦纹数量不及绳纹，但比较常见。多用于直腹小平底罐和尖底器的口部附近，也有施于器物唇沿上的。

弦纹纹道首尾咬合一般都很准确，很少有首尾不相连接的。这种纹饰应当是借助轮盘旋出来的。

弦纹和绳纹结合使用，即以绳纹为底，弦纹加于其上，在罐腹常可看到这种情况。

指甲纹

指甲纹多用于坠腹罐和鼎的装饰，一般纹深而弯，形状像指甲，往往排列得比较整齐。

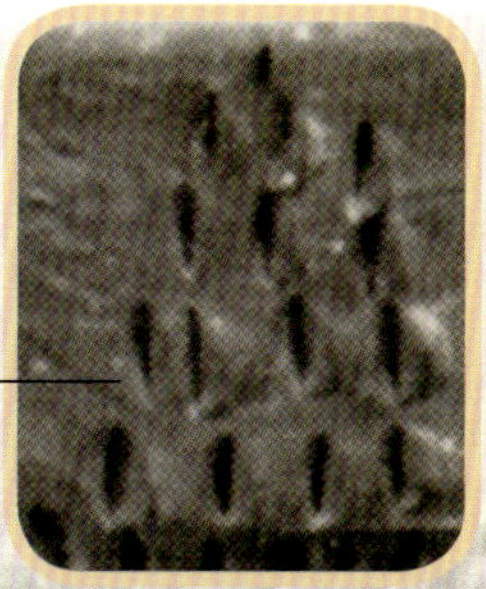

碗身饰有排成三角形的指甲纹。

附加堆纹

附加堆纹是常见纹饰之一，纹样变化较多。主要有如下几种：

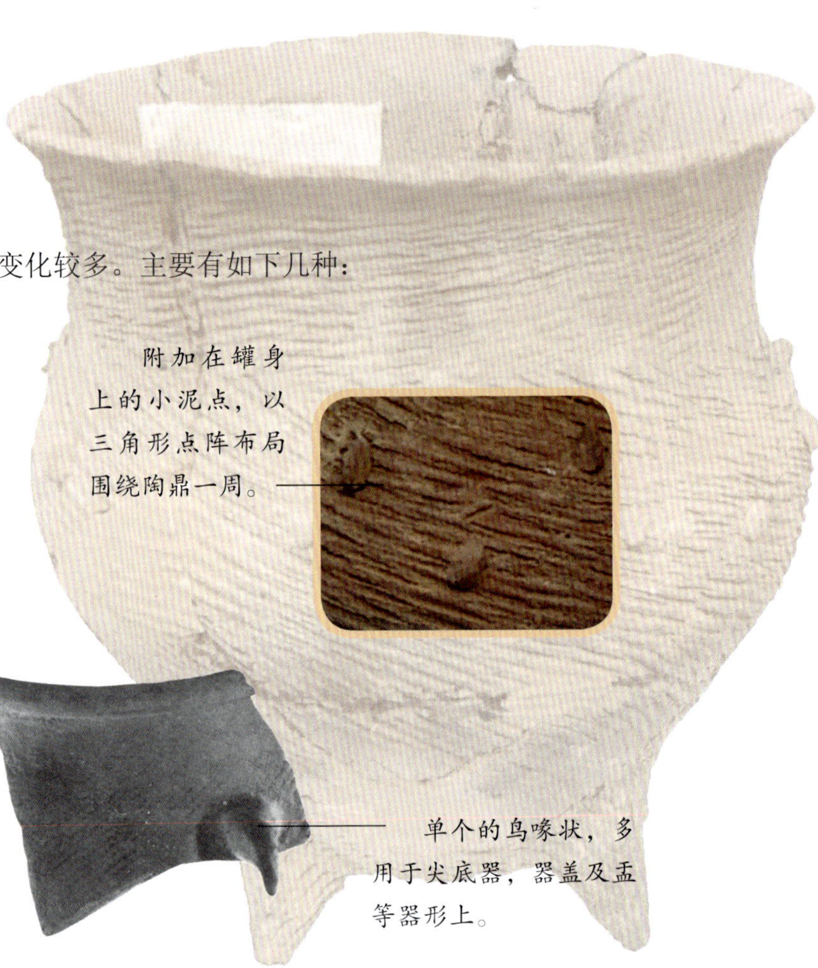

附加在罐身上的小泥点，以三角形点阵布局围绕陶鼎一周。

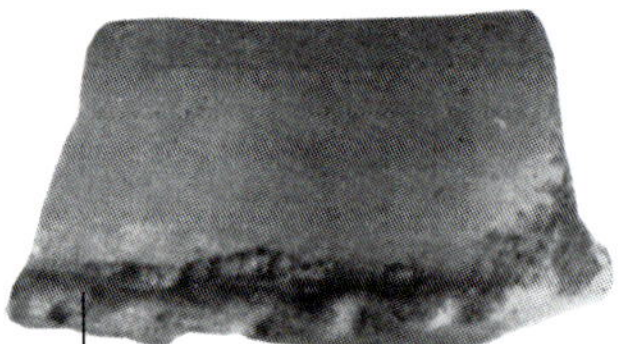

宽带状，用扁平的泥条附于器身而成，有时附加泥条上下有起伏，往往经过绳纹拍子拍打。这种纹饰多饰于瓮、罐等大型器物的颈、肩和腹部。

单个的鸟喙状，多用于尖底器，器盖及盂等器形上。

连续的月牙状的附加堆纹，多见于三足罐的口部附近。

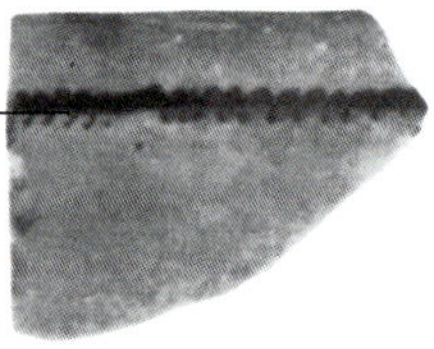

连续的蚯蚓状附加堆纹。

戳刺纹

有一定数量，有如下几种：小点状，多见于碗的口部附近，排列成带状绕器一周，也有成簇地饰于碗腹。个别的见于三足罐颈部，竖条状，多见于罐颈，排列整齐地绕器一周，圆窝状，多施于罐颈或瓮肩，有一定间隔地绕器一周，小三角或方形，戳刺较深，多施于鼎或罐、盂腹部，往往施遍全身。

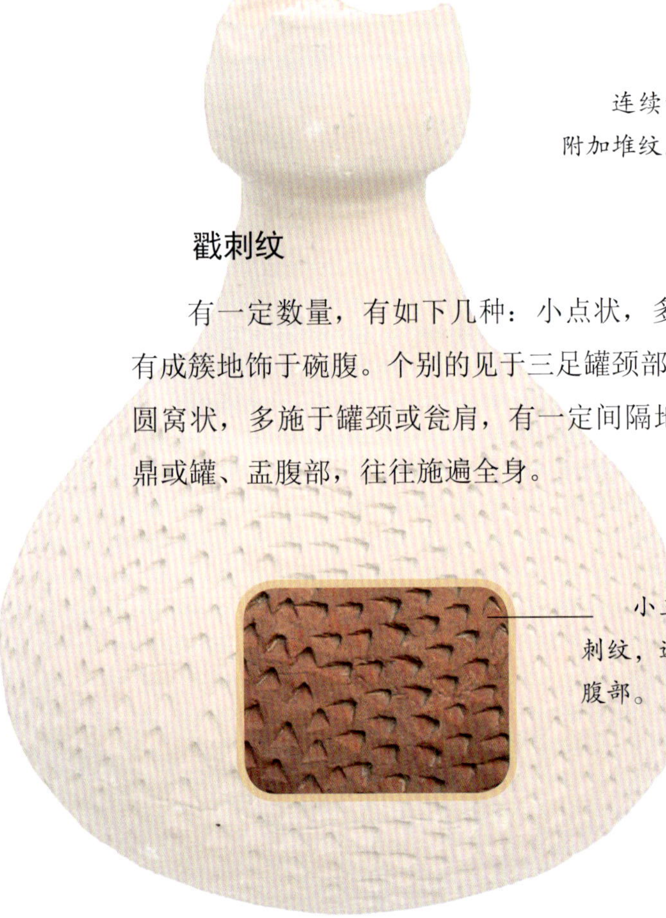

小三角戳刺纹，遍布壶腹部。

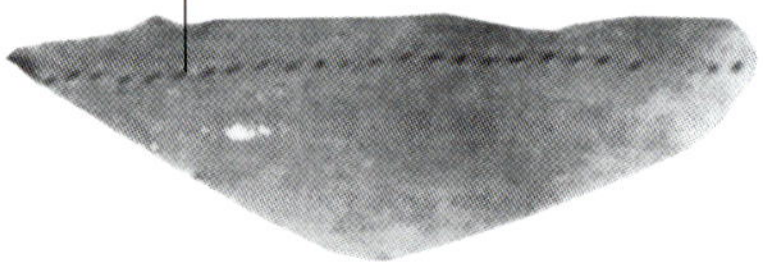

小点状，排列成带状绕器一周。

划纹和压划纹

划纹的数量很少，多在钵底画一个圆圈，或在碗的假圈足边缘画一些短短的竖道。压划纹是用小木片压划而成的，纹道比划纹宽而平滑，形状有直线形和波浪形。

划纹

压划纹

席纹、布纹、植物碎屑纹

席纹是用将陶胚放在编织的席子上面压印出的花纹。在北首岭出土的陶器中比较少见，仅见于个别碗、钵的底部。

布纹数量很少，只见于个别钵底。

植物碎屑纹是制陶时有意垫压一些植物碎屑在器表上形成的。在钵、碗、盆的底部比较多见。

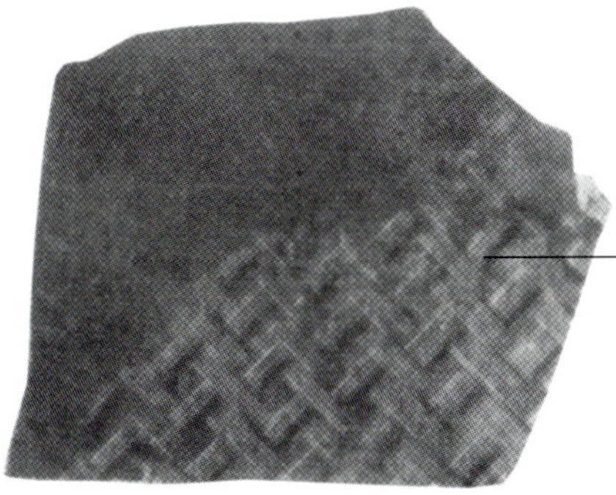

席纹

布纹

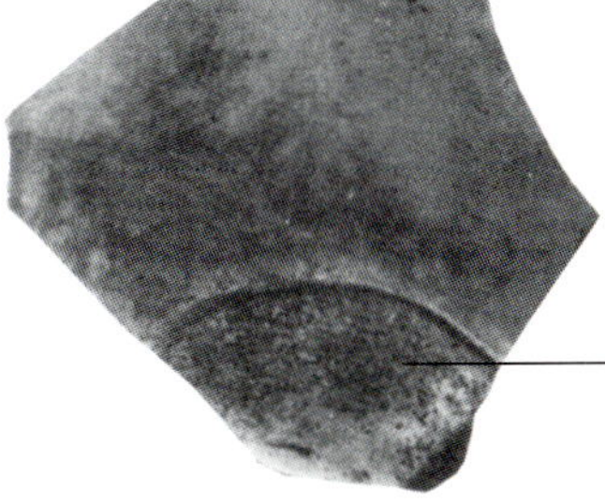

植物碎屑纹

彩绘陶器纹样

前面所说的普通陶器的纹样一般是刻划或者压印上去的，而彩陶的纹样是描画出来的。北首岭的彩陶纹样很丰富，一般可以分为写实类与图案类。

写实花纹类

写实类花纹有人面纹、鱼纹、鸟纟

人面纹

人面为圆形，紫彩，以窄道勾画出人面的轮廓。额部左半部填以实彩，右半部之下半部以实彩画出很宽的眼眉，上半部则留出弯月状空间。两眼以细长的横道表示，鼻子以拉长的三角形表示。

鱼纹

鱼纹装饰于陶盆的腹部，形状为两条首尾相近的鱼纹。鱼头的画法比较复杂，鱼眼似人眼，鱼鳃为新月形，用彩色空间表示出。残片长 22 厘米，宽 8 厘米。

鱼纹装饰于盆腹，共分 6 组，每组由两条上下相连的鱼构成。鱼头以三角形表示，用小圆圈表示鱼眼，以短线表示鱼鳍和鱼尾，鱼身的一半填以实彩，用以表示鱼鳞。各组鱼的头向均向右，像是在相互追逐。

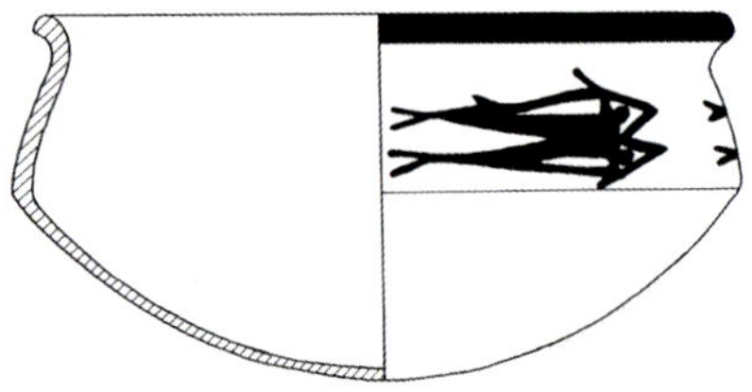

鱼纹盆，葬具。

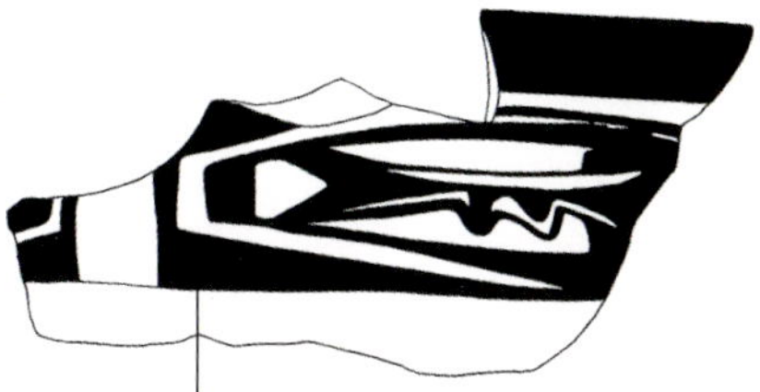

鱼纹残片

图案花纹类

图案类则有波折纹、锯齿纹、三角纹、平行条纹、宽带纹、网状纹、对称的等腰三角或直角三角纹、圆圈方格纹、圆点纹、钩叶纹、弧状纹等。

三角纹

三角纹一般是由几个三角形的彩块互相配合而成的。交错三角纹彩陶壶平视图及俯视图。

波折纹黑彩

波折纹

绘制于器物腹部的波折纹，上、下两道波折纹互相平行，绕器一周。波折纹之上、下两边，饰有连续成锯齿状的三角纹与之配合，使彩色空间也呈现出波折纹。

锯齿纹

锯齿纹由连续成锯齿状的三角纹构成。装饰于钵沿上的锯齿纹，分为两行，竖行排列，角尖均向下。

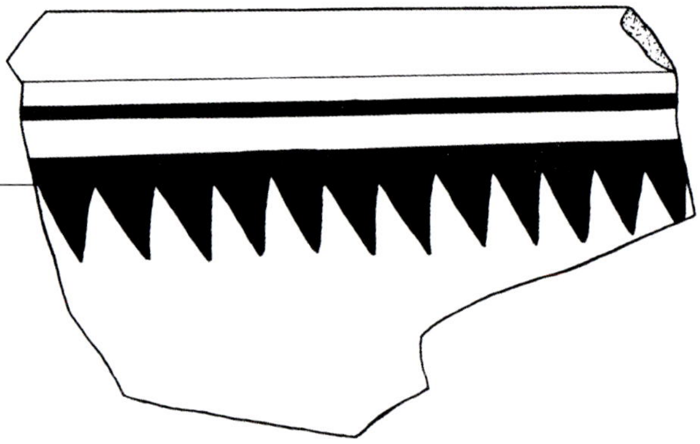

这组斜形条纹由多组斜行的窄条构成，两组平行条纹之间与器口沿的边构成三角形，就在此三角内绘画了三个角尖相连的三角纹，使其空间也呈三角形。

彩条深腹钵

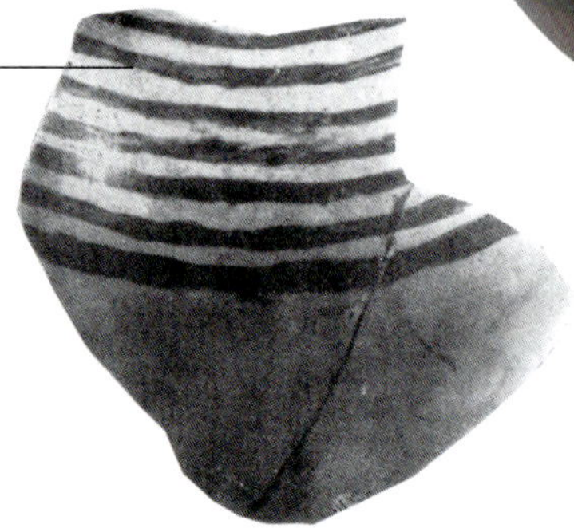

这组平行纹装饰于一个已经残损的陶罐的肩上，由窄条互相平行绕器一周构成。

宽带纹

宽带纹很常见，一般都在钵、碗等的口部位置，由较宽的彩带绕器一周构成。颜色以黑色为主，但有少部分可以确认是红彩。

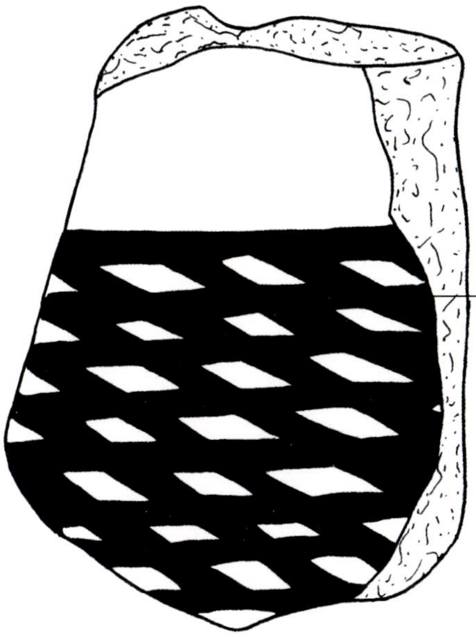

网状纹

网状纹是由许多较窄的彩线条交错构成的，犹如网状。

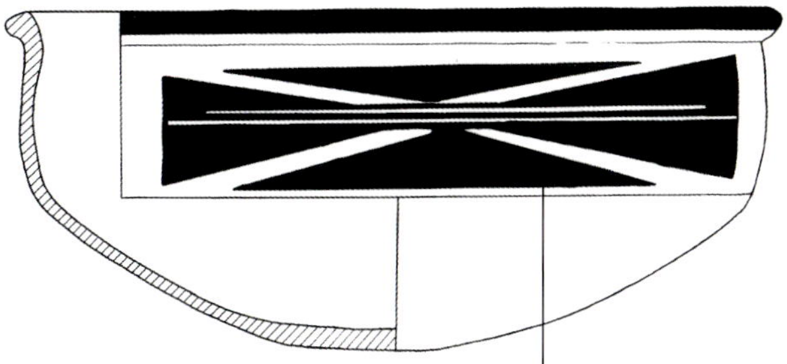

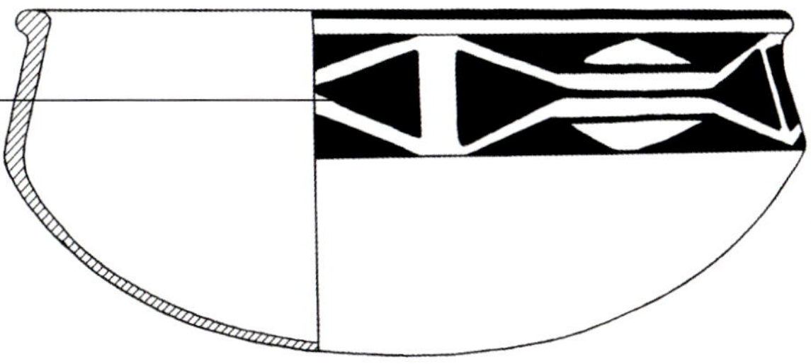

对称的等腰三角或直角三角纹

对称的等腰三角或直角三角纹是由几个上、下、左、右互相对称的等腰或直角的三角形构成的纹样。上、下相对的三角形往往扁长。这种纹饰多见于盆腹。

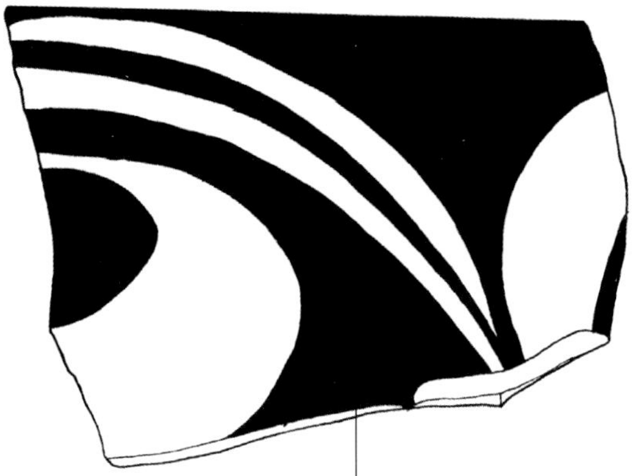

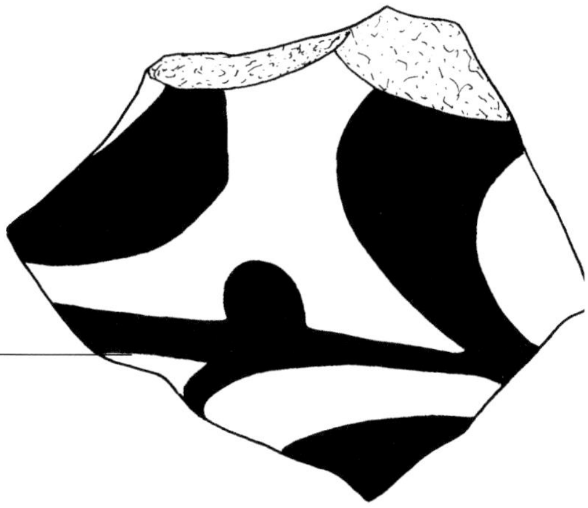

树叶纹和钩叶纹

这种纹饰，形状端正的和树叶很像，也有变形的形状为钩叶状。

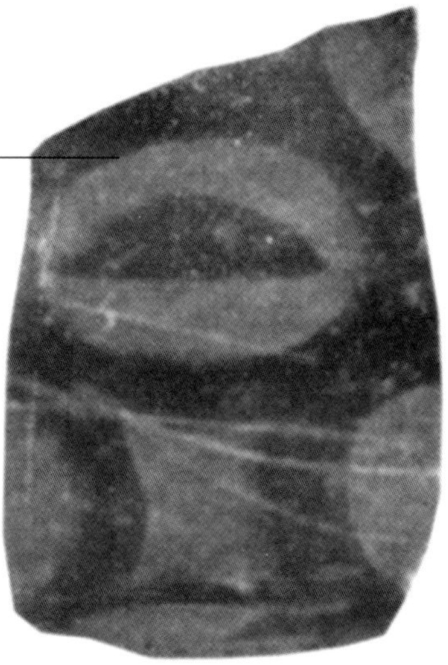

圆圈方格纹

陶片上的纹饰由几个相连的椭圆形圆圈构成。圆圈内饰有半月形彩纹，各圆圈之间留出的空间呈四边向内弯曲的方格形，残片长 9 厘米、宽 6.5 厘米。

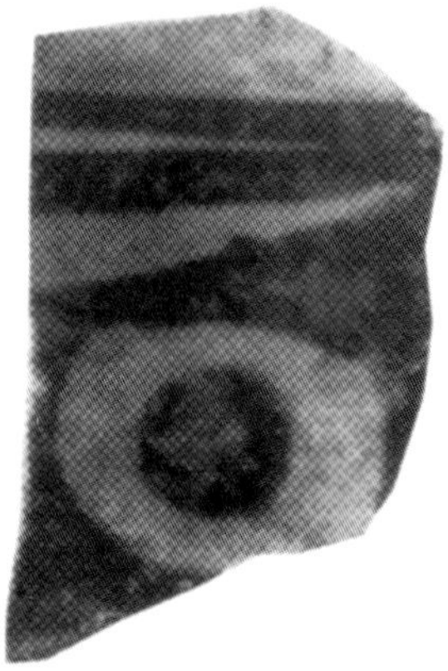

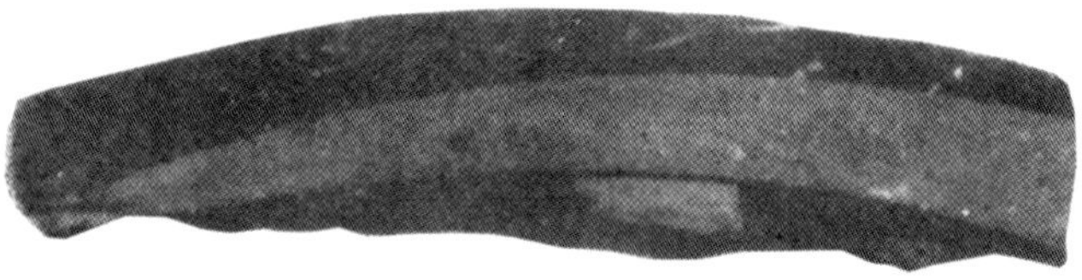

弧形纹

一端细窄，一端宽，状如弯镰。

圆点纹

在一圆圈内绘制一个圆点。

陶器分期特征

陶器的发展和演变，体现在多个方面，比如火候、陶胎的厚度、器型、纹饰等。

烧制特点

早期陶器的烧制有相当一部分因火候不均匀，导致同一件器物上有些地方红，有些地方灰，许多三足罐和陶碗是外红里黑或外红里灰。灰色的陶碗也比较多，很多陶器陶胎很薄。中期陶器火候很均匀，呈色纯正，很少有在一件器物上红一块灰一块的现象。而晚期的陶器，主要以器型大，陶胎厚为特点。

早期三足罐

纹饰特点

早期细绳纹为常见纹饰，此外还有压划的横道和水波纹、附加的小月牙、小圆点堆纹以及戳刺的小点纹和指甲纹等。中期纹饰主要是绳纹、弦纹和素面抹光。晚期有较多的宽带纹、粗绳纹，也出现为数很少的树叶纹或钩叶纹。

早期彩陶极罕见，只在一件碗的口沿上有一道红彩，还有一件碗的内壁有彩绘，是陶器烧好后再绘彩的。中期彩陶数量大增，花纹多样化。晚期彩陶数量减少。

器型的发展与演变

从不同时期的陶器中，我们能看到其中某些器型发展、演变的迹象。

例如，早期没有发现瓶，但有一种小口罐，如果去除它的口部，形状就和中期的陶瓶很相像，因此，这种小口罐很可能就是瓶的前身。又如，中期的瓶，口部较长而直，与晚期的某些瓶很接近，只是晚期的瓶的口部更长而且收颈略成葫芦状而已。因此，它们之间应该也存在着发展与演变的关系。另外，早期、中期的碗与晚期的某些钵在形态上也很相似。

早期

泥钉纹三足小陶鼎

弦纹鼓腹小平底粗砂红陶罐

指甲纹坠腹平底陶壶

中期

宽带黑彩深腹陶钵

宽带红彩大口深腹陶钵

弦纹敞口坠腹陶罐

晚期

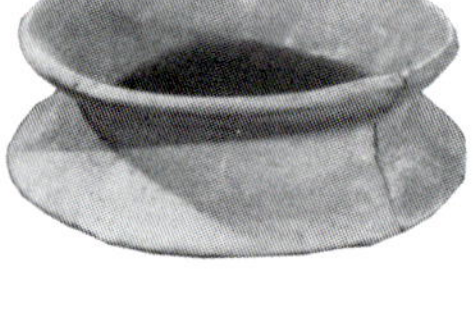

敞口束腹陶器座

几何纹折腹小平底陶壶

细长颈折腹小平底陶瓶

折腹小平底陶壶

艺术珍品　绘画和陶塑

为了生存和发展，在漫长的岁月里史前先民不仅创造了维持生存的物质财富，而且创造了丰富的精神财富——绘画、陶塑。绘画艺术和陶塑艺术在我国已有悠久的历史，其源头可以追溯到史前的旧石器时代。北首岭的先民们同样运用绘画和陶塑等艺术形式记录了自己的形象和生活中的所见，这也是他们表达心理愿望和情感体验的主要方式。在感受世界的过程中，他们首先感受到的是真实世界：天上的日月星辰，空中飞翔的鸟儿、地上奔跑的野兽、水中游动的鱼……以及他们自己，他们将自己对万物有灵的崇拜表现在了绘画和陶塑中。

绘画用具

这些原始而生动的画面是如何绘制出来的呢？在解答这个问题之前我们要先说一下先民们绘画时所用的工具。

研磨器

宝鸡北首岭遗址的出土器物中，有一件研磨盘极为精致，它用大理岩磨制而成，跟后来的砚台相差无几。在它的正面有两个凹窝，作调色用，可分别调两种颜色。大凹窝为长方形，小凹窝为椭圆形，背面平坦。从使用的情况和形状看，这无疑就是今日的砚台。另外几件研磨器中，也有使用的痕迹以及颜料的残留。

北首岭墓葬中出土的研磨器 极为精致，跟后来的砚台相差无几。它用大理岩磨制而成，长 18 厘米，宽 14 厘米，厚 4.5 厘米。

北首岭出土的这些研磨器，虽然制作上比较粗糙，但它确实可以看做是砚台的前身，而且研磨器上的颜料更加说明，当时人们已经有用研磨石研磨颜料并进行绘制图案的意识了。

颜料

颜料在房址和墓葬均有发现，有的散见于房屋中或墓内，有的盛在小器皿里，有的团成小块，颜色较浅，有的做成四方长条形，碎成 3 块，颜色较深。有红、黄、紫三色，以红色最多。这些颜料经鉴定为三氧化二铁和石英的混合物，是天然赤铁矿矿物颜料。表现在彩陶上，有黑、红、紫、白、灰五色。以黑彩最多，红彩只有少量，其余各色均为极少数。经实验，墓葬出土的红颜料烧出来呈红色，地层出土的紫颜料烧出来是黑色。

长 12 厘米、宽 10.5 厘米的颜料研磨盘上隐约还能看到红色的颜料痕迹。

人类最早用于着色的颜料是红色的赤铁矿。

赭红色土块状，做成四方长条形，碎成三块，颜色较深。总长 18.5 厘米，宽 4.5 厘米，厚 2.4 厘米。

砖红色土块状，作成圆角方形，一端磨平。出土时放在一小陶罐内。长 4 厘米，宽 4 厘米，厚 3.1 厘米。

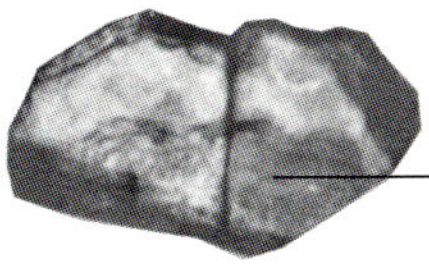

长 5.6 厘米。紫色，形状不甚规则。

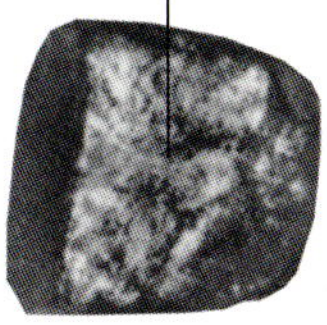

绘画艺术

水鸟衔鱼图

宝鸡北首岭遗址出土了众多精美的彩陶，其中一个墓葬中出土的一件陶壶——“鸟衔鱼纹壶”上，描绘了一幅水鸟衔鱼的图画。专家认为，它所表现出的绘画艺术是空前绝后的。这幅画乍看是一副粗糙的写实画，仿佛是漫不经心的随意之笔，实际上精准地抓住了水鸟衔鱼的精彩瞬间。

鸟衔鱼纹壶

细泥红陶，高21厘米，口径1.5厘米，顶部直径9.6厘米，底径8.4厘米。腹肩处用黑线条勾画出一只水鸟叼住一条鳞鳍齐备的大鱼尾巴，大鱼负痛回首挣扎，水鸟紧衔不放的生动场景。

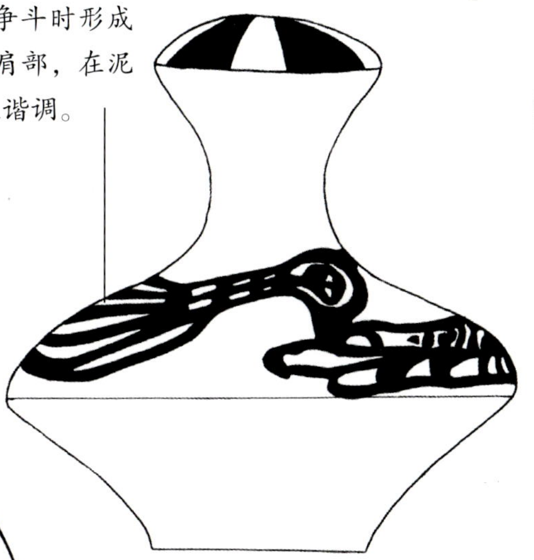

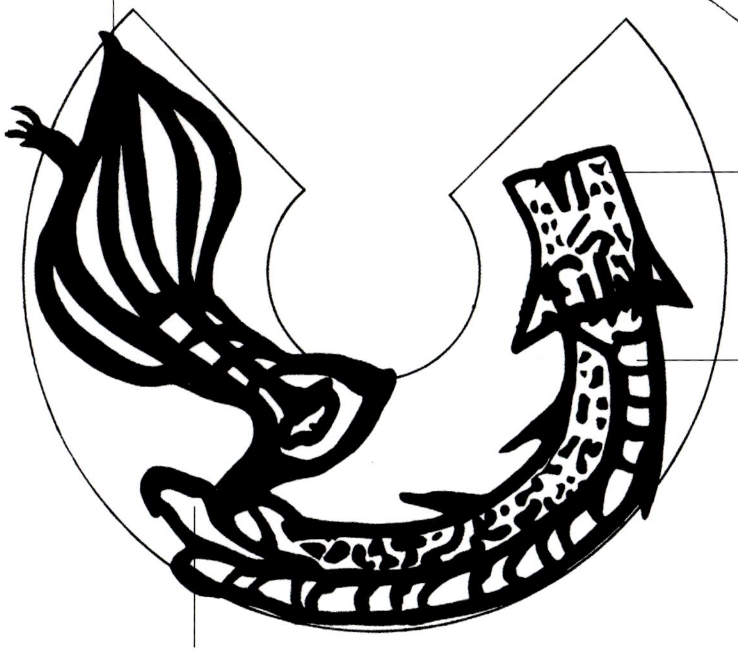

有学者认为这是选取了北首岭内两个氏族的图腾崇拜物作为绘画的主题。这两个崇拜物处在争斗之中。水鸟衔住大鱼尾巴，大鱼负痛挣扎，水鸟紧衔不放。此画的题材选取了当时最重大的题材。以至后人说，这就是中国最早的“龙”和“凤”。北首岭的艺术家们不由自主地充分展现了“艺术模仿自然”的原则，创造出了这不朽之作。

船形网纹壶

北首岭的“船形网纹壶”是我国黄河流域出土的最早有关船的文物。这件文物被定为国宝级，现藏于中国国家博物馆。

渔网纹的左右两侧边缘用重墨各勾出6个三角形，应该是网坠表示。

船形网纹壶

泥质红陶，通高15.6厘米、口径4.5厘米、宽24.9厘米。口部呈杯状，器身横直。

船形网纹壶为盛水器，上部长，两头尖，底部短且平，颇像一只菱角形的舟船。这便是我国北方最早的独木船雏形，从6000年前一直沿袭至今。这种船形壶既便于提携，又可穿绳背负，随身携带。器物不仅造型别具匠心，腹壁的图案也同样更具深意。这件船形网纹壶腹部的黑彩渔网纹图也很具深意。

北首岭人为何会造船？

北首岭位于宝鸡市区西北部，坐落在渭河以北、金陵河西岸的一片有两条河环绕的二级阶地上，遗址面积达 6 万平方米，周围还有多条河流流经。在新石器时代，宝鸡是一个气候温和、降雨充沛的地方。定居在北首岭的先民，除了发展农业之外，还需要捕鱼、狩猎与外界交往等。而纵横交错的河流在运输粮食、猎物等方面会非常有用，对他们来说，创造发明舟船是一件水到渠成的事情。从船形网纹壶的形状来看，北首岭人所创造的舟船像一只菱角，这是个相当独特的构思。

渔网挂在船边，似在撒网捕鱼，又好像渔船刚刚捕鱼归来，在晾晒渔网。这个图案有力地向人们证明了，6000 年前的北首岭人造船捕鱼的技术已经很娴熟了。

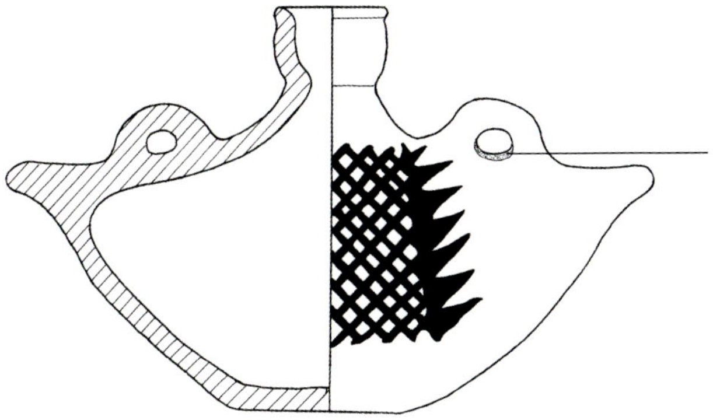

壶肩上的孔可穿绳，方便背负，随身携带。

陶塑艺术

北首岭出土的陶塑人面像和陶塑半身人像，手法原始，造型生动，属我国目前已知时代最早的人像雕塑作品。

陶塑人面像

陶塑人面像

这个人头像是使用细泥红陶制成的，高7.3厘米，宽9厘米，厚1厘米。已经残损，专家对它进行了复原。复原后可以看出这是一个男性的头像，面部较宽，宽于头长，脸部饱满，鼻梁挺直，下巴微圆。眼睛和嘴巴都用长条形的孔表示。耳朵扁平，上面穿有小孔。头顶是平的，用绳纹表示头发。眉毛和胡须使用黑彩绘制。

陶塑半身人像

陶塑人半身像发现于北首岭遗址中期的灰坑中，这是我国目前已知的最早的人像雕塑作品。

陶塑人半身像

半身人像由泥质红陶制成，脑袋以及左臂已经残缺。残高 6.7 厘米，宽 4.4 厘米，厚 2.3 厘米。

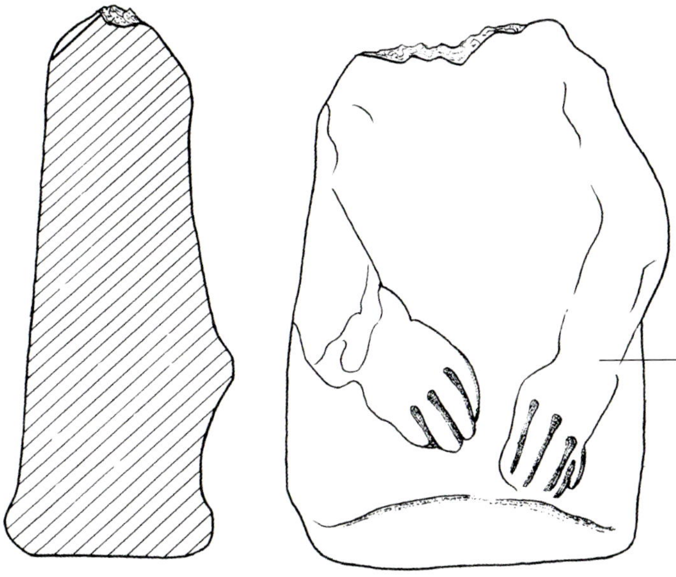

手臂是用泥条贴附在身体前面的，双手放在腹部的位置，手指用刻道表示。

最早的文字　刻划符号

刻划符号在我国黄河、长江流域部分史前遗址都有发现。专家们对于这些刻划符号的含义也有不同看法，有人认为它与中国原始文字有关，有人认为它是氏族制陶作坊或家族制陶的一种特殊标志，也有人认为是陶工本人的姓氏标志或代表氏族的徽号。尽管人们都有各自的见解，但不可否认的是，这些仰韶时期的刻划符号是具有文化内涵的。

北首岭出土的彩陶器皿上的刻划符号也为这些猜测提供了一些证据，这里共出土刻划符号共 8 件，分为两类：一类是彩绘的，一类是器物上用硬物直接刻划的。

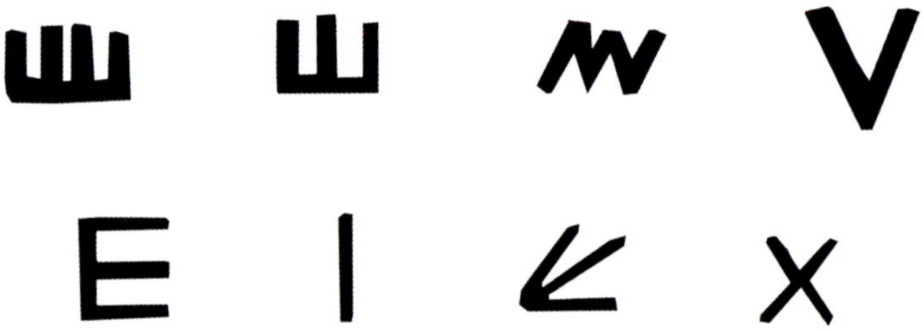

8 种刻划符号

这些符号补充了我国关于汉字的文献记载，也为汉字起源的研究提供了重要的资料。

彩绘符号

尖底器上的密码

北首岭墓葬的出土物中，有一件尖底器非常独特。此器置于骨架的头部位置，可能是因为骨架无头，所以以此来代替死者头颅的。尖底器上的纹饰很丰富：口部以下饰有四道弦纹，弦纹以下紧接着又有一圈鹰嘴状附加堆饰。更令人震惊的是，尖底器的器身上面还有用黑彩绘制的 4 个符号。

这 4 个粗犷流畅的黑彩符号到底意味着什么？

它们似乎和山水有关，或有北首岭人生存斗争之意，还是北首岭人赞美山水之神，感激天地之恩，表达更高更深的意境？或者是巫师的咒语、吉祥的祝福，又或许单个符号各有其赋予的音和义？又或者是族徽，是陶工的记号，是氏族的标志？它到底是什么呢？

尖底器上的彩绘符号

专家认为，这种多个符号在一起的组合，显然有比较复杂的含义。它也许是一种美好的表达：蓝天白云之下，成群鹰鸟飞翔，它们列队翱击长空，北首岭人就生活于此……

黑彩字形“E”

在一件细泥红陶折腹小平底罐，口部残损后再打磨平整，腹部绘制有四个间距相等的侧置的“E”字形黑彩。

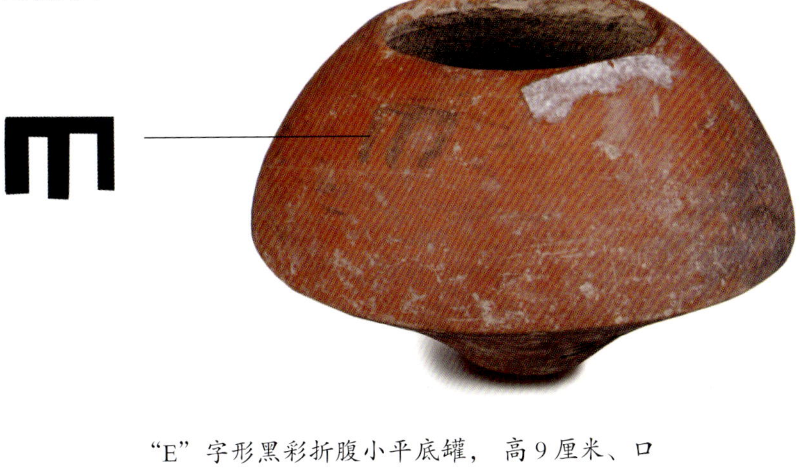

“E”字形黑彩折腹小平底罐，高 9 厘米、口径 7.7 厘米、腹径 13.7 厘米、底径 3.7 厘米。

刻划符号

在器物上用硬物直接刻划的符号有 4 种，在一件出土的细泥红陶钵上，口部附近有一道宽带黑彩，其上有刻划符号“｜”，近底部有四个两两相对的刻划符号“↙”。另外，还有两个刻划符号，见于陶钵口沿的宽带黑彩上：一个是“×”；一个是“｜”。

数的启蒙　数量和图形

从北首岭的出土物中可以看出，北首岭人对于数和形的运用已经有了初步的意识，很多陶器图案中就数形并用，这说明当时的北首岭先民已经在“文明”的道路上跨出了探索的脚步。

数形意识

这件细泥红陶壶腹肩部的三角形黑彩花纹中就体现出了北首岭人对于数和形的意识。花纹可分三组，上面一组三角形由 6 个小三角形构成。中部和下部两组分别由 7 个大三角形构成。每个大三角形又由 10 个小三角形叠砌而成。小三角形由下而上数目逐级递减，分别为 4、3、2、1，总数是 10。这些黑三角排列有序，看起来形状美观、数字清晰。

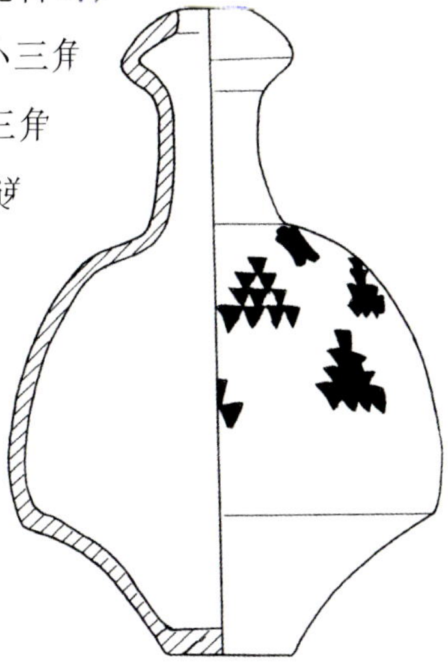

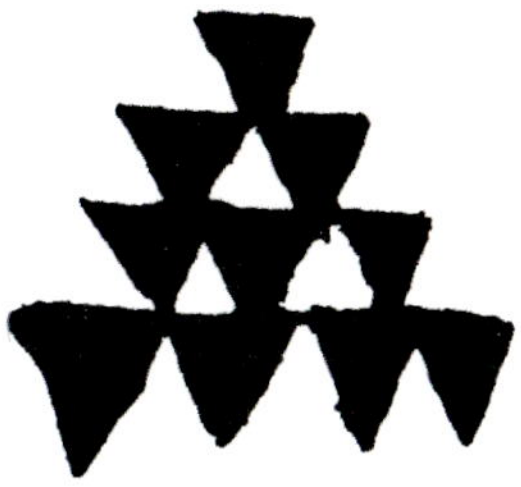

另外一件陶瓶有着类似图案，并且构成大三角的小三角尖朝上者均朝上，底朝上者均朝上。堆砌成的大三角异常整齐。不同的是，小三角形的数量增加，两边依次排列为 1、2、3、4、5 递增，或 5、4、3、2、1 递减。中间为 1、2、3、4、5、6、7 递增。1、2、3、4、5 的递增，总数为 15；5、4、3、2、1 递减，总数也为 15；而 1、2、3、4、5、6、7 递增总数为 28。

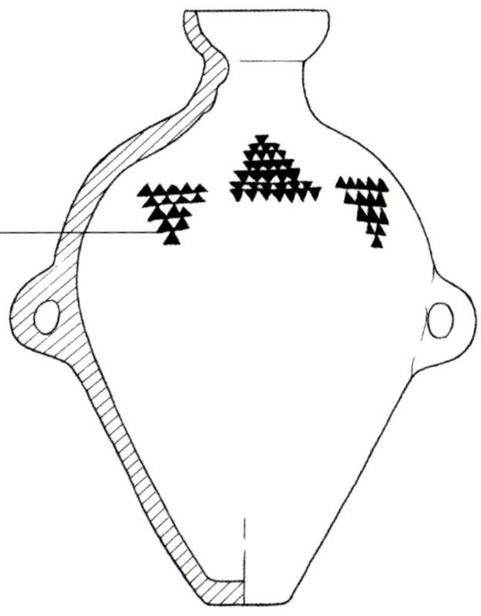

在这件细泥陶瓶的腹部饰小三角砌成大三角的松塔黑彩。

对于这些数量，北首岭人尽管没有用现代人所使用的阿拉伯数字直接书写出来，但他们却用自己的表达方式将其表现了出来，使今天的我们看到了形状和数量。这不能不说是北首岭人对数和形的极致运用。它说明了北首岭人对于数和形的运用不是随意的，而是已经在明确意识的指导之下进行的。

图形意识

式样繁多的陶器，多层次、多方位的彩陶花纹是北首岭人对造型的充分展现。可以看得出，他们对每个造型的把握都非常准确。但这里的三角形却已经是几何图形，几何图形在北首岭并不少见，有圆、有点、有弧形、有等腰三角形、有直角三角形……这些都是北首岭人对几何图形的应用。

北首岭出土的陶器的口沿，圆的精度已经很高，说明当时已存在使用慢轮修整器物的情况。这是北首岭人应用几何图形的又一个例证。

尖底瓶颈部图案。

交错三角形陶壶口上的图案。

交错三角形陶壶身上的图案。

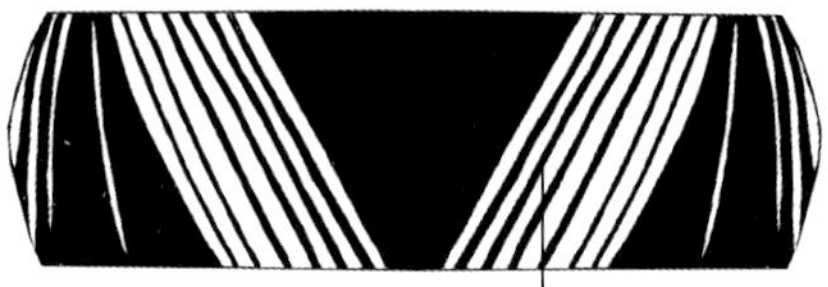

彩陶钵上的图案。

彩陶钵上的对称三角形。

尖底器上的波折纹。

对生活的向往 装饰品及其他

在北首岭遗址中，还发现了一些对于生活和生产劳动而言都不是必需品的“小玩意”，它们包括约 150 件饰品——有用于头饰和项饰的石饰、蚌饰、骨珠、牙饰、榧螺，有用于束发的有骨笄，用于腕饰的有陶环，以及 1751 件既不属于饰品又不是工具的东西，这些东西有环状器、石球、陶球、圆陶片、骨管、人像、颜料锭等，其中圆陶片最多，占总数的 90% 以上。通过这些“小玩意”，可以看出北首岭先民们对美好事物的追求。

装饰品

北首岭人在生产活动中渐渐形成了直线与曲线、对称与均衡、方与圆等一些基本的形式法则，他们的审美要求和审美意识已大为增强和完善，有意识地选择一些纹理细腻、色泽晶莹的材料进行精密加工，挂在身上作为一种没有什么使用价值的装饰。

石饰

由绿松石制成，平面略呈长方形，器身扁平，中部有孔，孔由两面对钻而成。长 2 厘米，宽 1.6 厘米，厚 0.3 厘米。

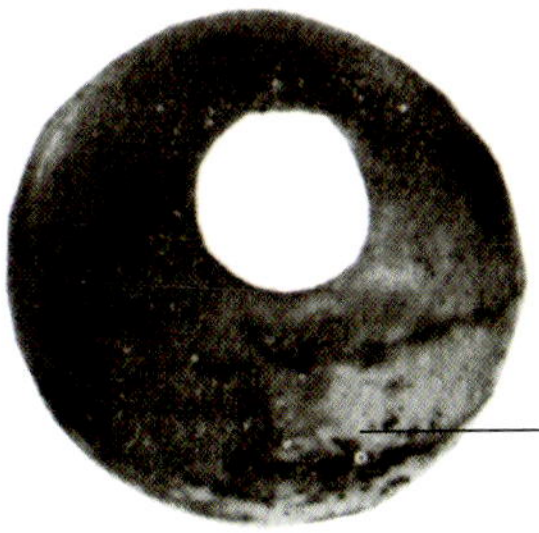

大理石制成。口小底大，中间是空的，形状像一个罩子，白色，周身打磨光滑。高 3.9 厘米，厚 1 厘米，口径 1.2 厘米，底径 3.4 厘米。

蛇纹岩制成。平面呈梯形，横剖面呈三角形，窄端薄、宽端厚，窄端有一小穿孔。通身磨光，很精致。长 8.2 厘米，宽 1.6 厘米，厚 1.4 厘米。

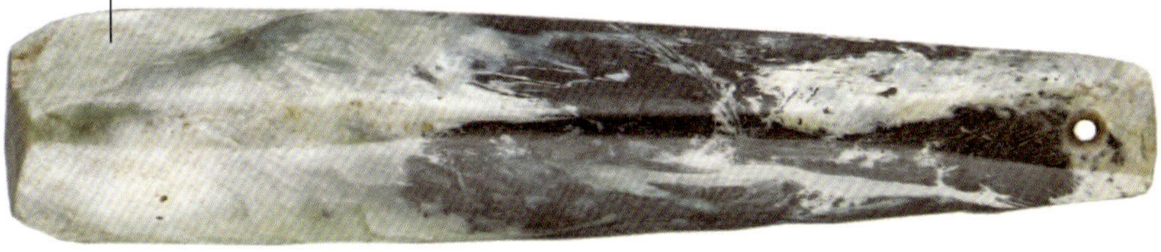

骨饰

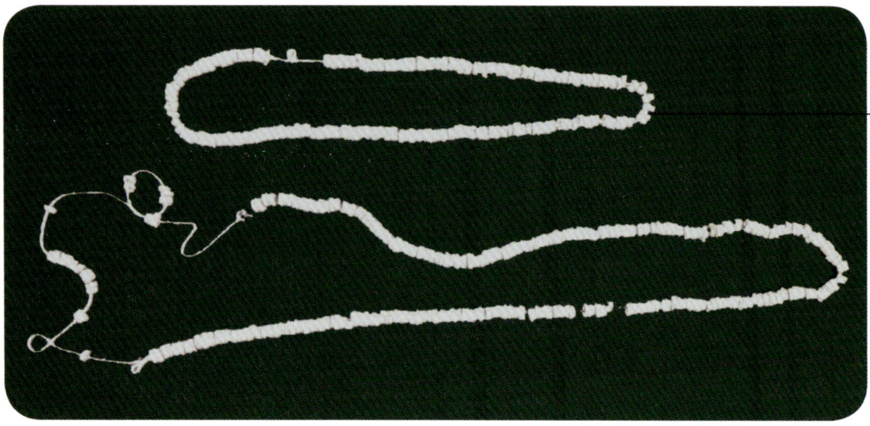

骨珠，1148件，圆形、扁平状，中间穿孔，磨制而成。直径大约0.4厘米，孔径0.2厘米，厚0.2厘米。

骨笄，器身细长而扁薄，顶部较宽，有刻槽，从顶部往下逐渐变窄成为尖状，通体磨光。长14.4厘米，宽1厘米、厚0.3厘米。

牙饰

将劈成两半的野猪獠牙磨光制成的牙饰，呈弧状。这种饰物常出在墓葬人手臂附近，可能是臂部装饰。

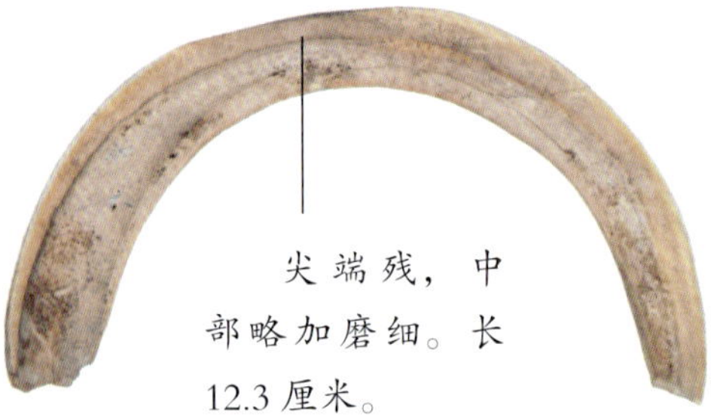

尖端残，中部略加磨细。长12.3厘米。

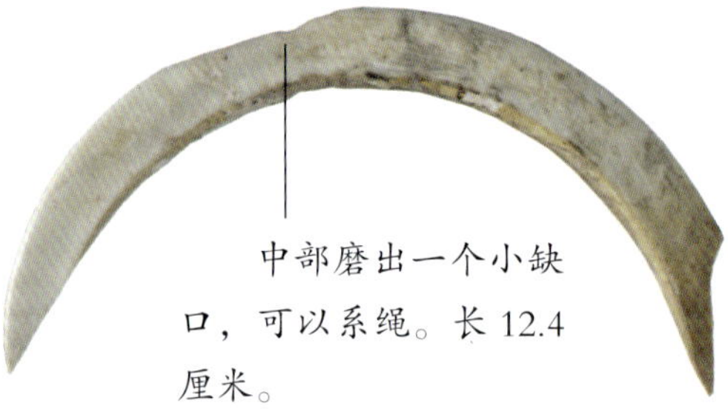

中部磨出一个小缺口，可以系绳。长12.4厘米。

蚌饰

将蚌壳的薄边略加打磨，使之稍厚钝，在宽的一端钻有双孔，长14.4厘米。

呈半圆形蚌饰，器身扁薄，周边做锯齿状，顶部有一穿孔。长 4.3 厘米，宽 1.6 厘米，厚 0.2 厘米。

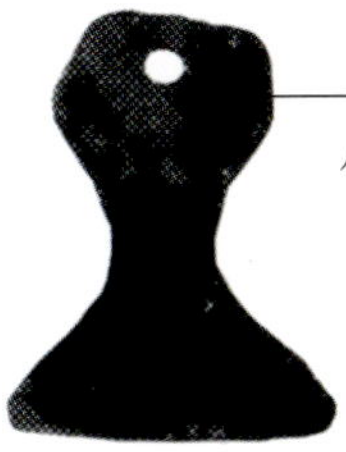

形状像人的半身头像的蚌饰，长 3.4 厘米，宽 2.7 厘米，厚 0.3 厘米。

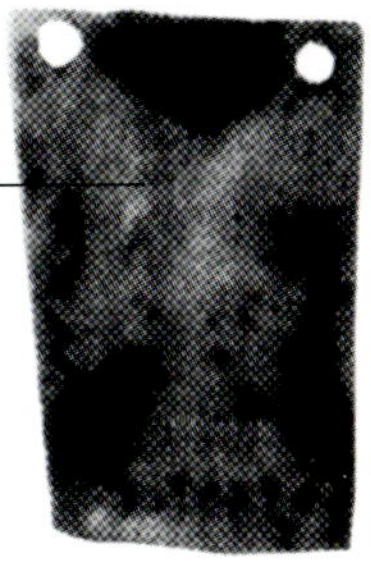

长方形蚌饰，器身扁薄，上端两角各有一个穿孔。长 3.9 厘米，宽 2.7 厘米，厚 0.1 厘米。

榧螺

北首岭人将榧螺的尖顶磨掉制成的饰品。

榧螺一般都栖息于沙底，是食肉性的软体动物。贝壳表面色彩花纹多变，但外形及装饰却都相当一致。

陶环

共发现陶环 38 件，都是用细泥灰陶烧制而成的。

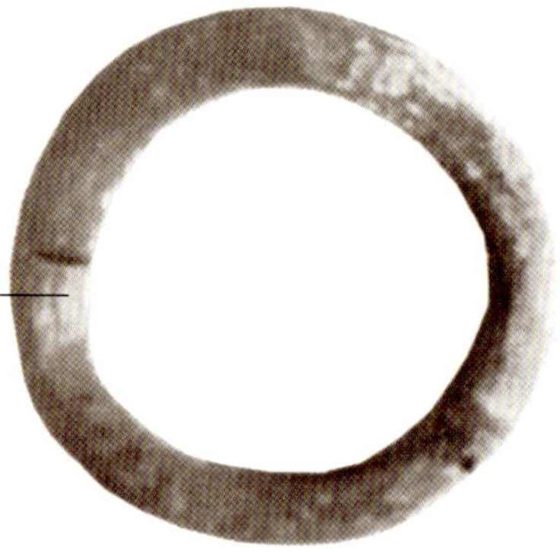

陶环，横剖面呈三角形。直径 7 厘米，厚 0.5 厘米。

其他物品

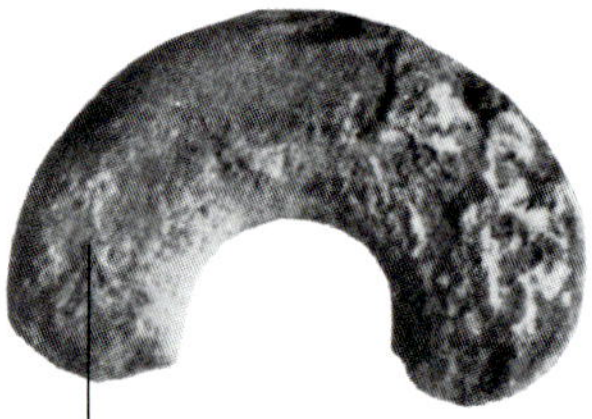

石环状器，剖面呈椭圆形，琢打磨制而成，直径 9.2 厘米，宽 3.4 厘米，厚 1.9 厘米。

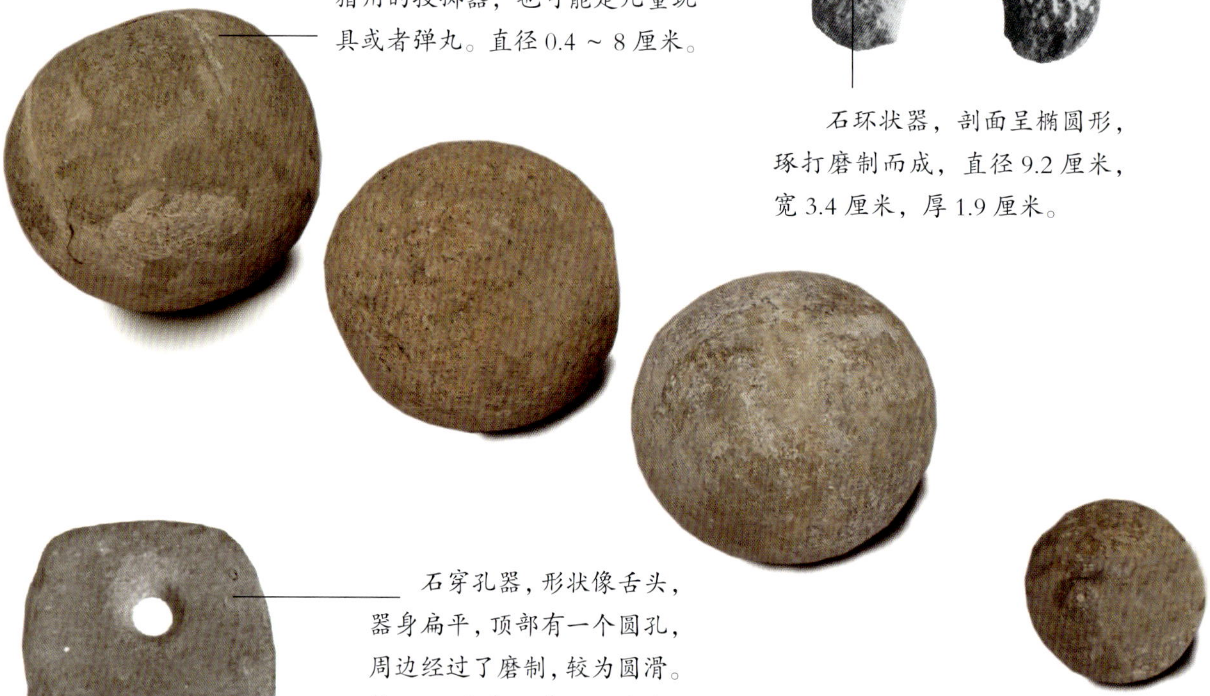

石球，共 84 件。可能是狩猎用的投掷器，也可能是儿童玩具或者弹丸。直径 0.4 ~ 8 厘米。

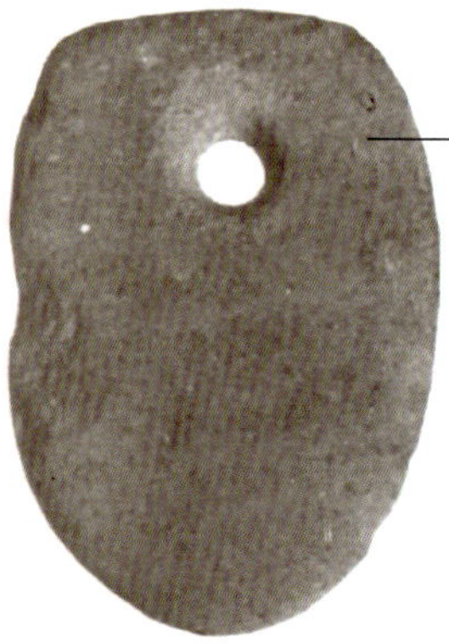

石穿孔器，形状像舌头，器身扁平，顶部有一个圆孔，周边经过了磨制，较为圆滑。长 11.9 厘米，宽 8.2 厘米，厚 1.3 厘米。

第四章

北首岭墓葬文化

北首岭遗址的埋葬现象及大量的随葬品，真实、全面地反映了当时的物质生产、生活方式、思想观念、风俗习惯和社会风尚，为我们探究古人的精神世界提供了依据……

墓葬习俗 分布与形制

史前人类受灵魂不死观念的支配，一般按照“事死如事生”的原则安葬死者，在修建墓穴的基础上，还普遍随葬各种生产、生活用具，以供死者在另一个世界使用等，形成了种种埋葬习俗。

北首岭的墓葬非常有特点：他们实行男男合葬、女女合葬的制度，大多数死者头向西北、脚踩河滩，有骨骼凌乱摆放的二次葬，还有许多墓葬出现肢体残缺现象……这些多样的埋葬现象及大量的随葬品，真实、全面地反映了当时的物质生产、生活方式、思想观念、风俗习惯和社会风尚，为我们探寻原始社会人们的生活习惯、文化特征、宗教信仰提供了很好的参照。

墓葬分布

北首岭的墓葬共发现了 451 座，主要分布在第Ⅳ区和第Ⅵ区，其他各区只有零星发现。第Ⅳ区和第Ⅵ区的东部均为断崖，估计已有相当一部分墓葬随着断崖的崩塌而毁掉。第Ⅳ区的墓葬计 39 座，墓葬范围较小，长、宽各约 30 米，但墓葬密集，应是公共墓地；Ⅵ区墓葬计 404 座，分布范围最大，约南北 100 米、东西 80 米，也是一处公共墓地。第Ⅰ区的墓葬计 2 座，第Ⅱ区的墓葬计 2 座，第Ⅲ区的墓葬计 1 座，第Ⅴ区的墓葬计 3 座。

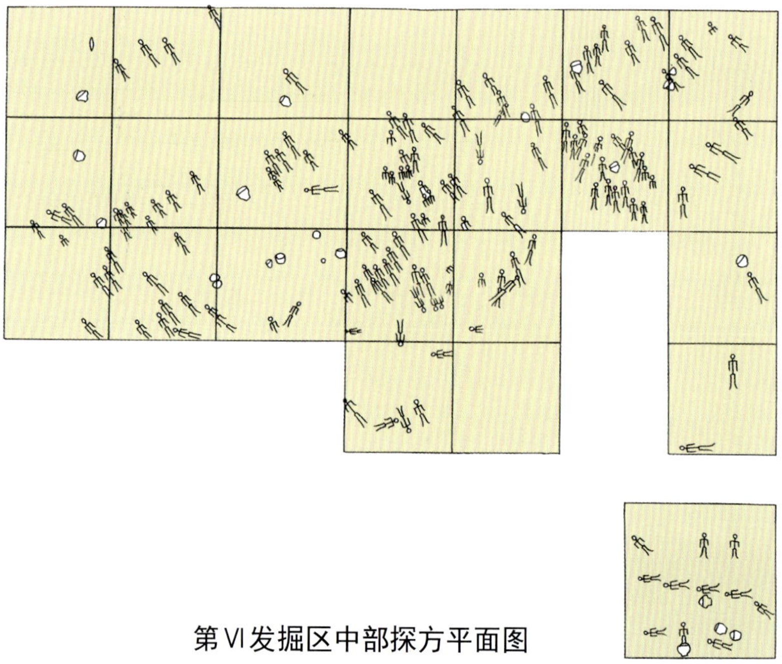

第Ⅵ发掘区中部探方平面图

墓葬形制

北首岭墓葬可分土坑墓和瓮棺墓两种。土坑墓埋葬的主要是成年人，但也有少数是埋葬儿童的。瓮棺墓埋葬的绝大多数为儿童，只有极个别的埋葬成年人。

土坑墓

北首岭的墓葬大部分属于土坑墓，这些土坑墓的墓穴以长方形竖穴式为多，也有梯形、方形或者接近方形的。墓穴的大小根据墓葬中的人数以及墓葬主人体型的不同而不同。墓壁一般垂直或接近垂直，墓底平坦。有一些墓的墓壁还经过特殊加工，涂刷有一层料姜石浆，也有的墓壁上抹有一层草拌泥。

★竖穴式是指从地面竖直向下挖出的葬坑。

土坑墓的葬式

土坑墓分为单人葬和合葬墓。

单人葬的墓共367座。其中，仰身直肢葬290座，俯身葬14座，侧身葬1座，屈肢葬1座，二次葬35座，葬式不明者26座。

合葬墓共14座。其中，二人仰身合葬5座，二人二次合葬5座，二人合葬葬式不明者1座，三人仰身合葬1座，三人中二人仰身一人二次葬式的合葬墓1座，五人中三人仰身二人二次葬式的合葬墓1座。

在所有葬式中，仰身直肢葬是最普遍的，一般是面部朝上，上肢垂直放两侧，下肢伸直，也有少数面部侧向一边，或者上、下肢交叉放置。值得注意的是，在仰身直肢葬保存得比较好的骨架中，有不少肢体残缺的现象，而且专家也排除了自然破坏或者遗址打破造成的可能。

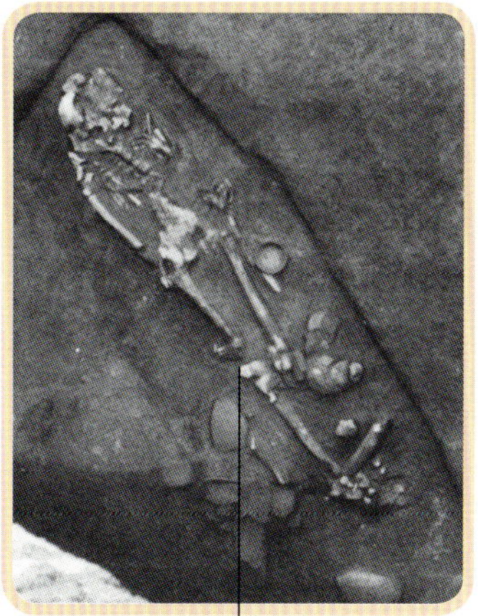

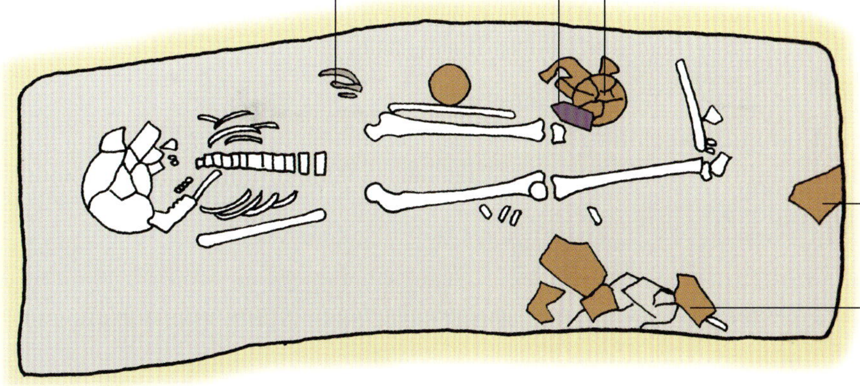

骨架的下颚骨分成两半，左胫骨折断，下半截横放。墓中出土有装有颜料的陶罐残片。

土坑墓的葬具

在少数长方形的土坑墓中，有板灰和席痕，这些可能是作为葬具的棺木或者草席腐化后的痕迹。

板灰往往黏附在墓穴的边壁或墓底，但因为范围太小，难以判断出它是否为木棺。

席痕多发现于墓底和人骨架上。一般只在局部地方见到这种痕迹，但也有个别的墓可以看到大面积且清晰的席痕。

土坑墓随葬品

在土坑墓中，有随葬品的占大多数，随葬品以陶制生活器皿为主，也有磨石、骨镞、石球、蚌壳、骨珠等物品。每个墓中随葬品的数量不同，多的有十几件，少的仅有一件。

在随葬品数量比较多的情况下，随葬品会有主次之分，主要随葬品在大小和精美程度上一般会更胜一筹。大部分墓葬把主要随葬品放置在小腿骨或者脚的前端，少数墓葬把主要随葬品放在手臂两侧、脚旁边以及头前。随葬品中的陶钵往往扣在陶罐上，小罐有时装在较大的罐子里，小钵有时候装在罐或者较大的钵里，有时两三个钵套在一起。陶壶以及陶瓶大多数靠近墓壁，特别是靠近脚部的墓壁。野猪牙大多放置在手臂旁，个别放在头前。成束的骨镞大多放在小腿骨上，有时放在两个小腿之间。石斧大多放在腰侧或者腿侧。骨珠有绕于头部的，也有零散发现于胸部附近的。

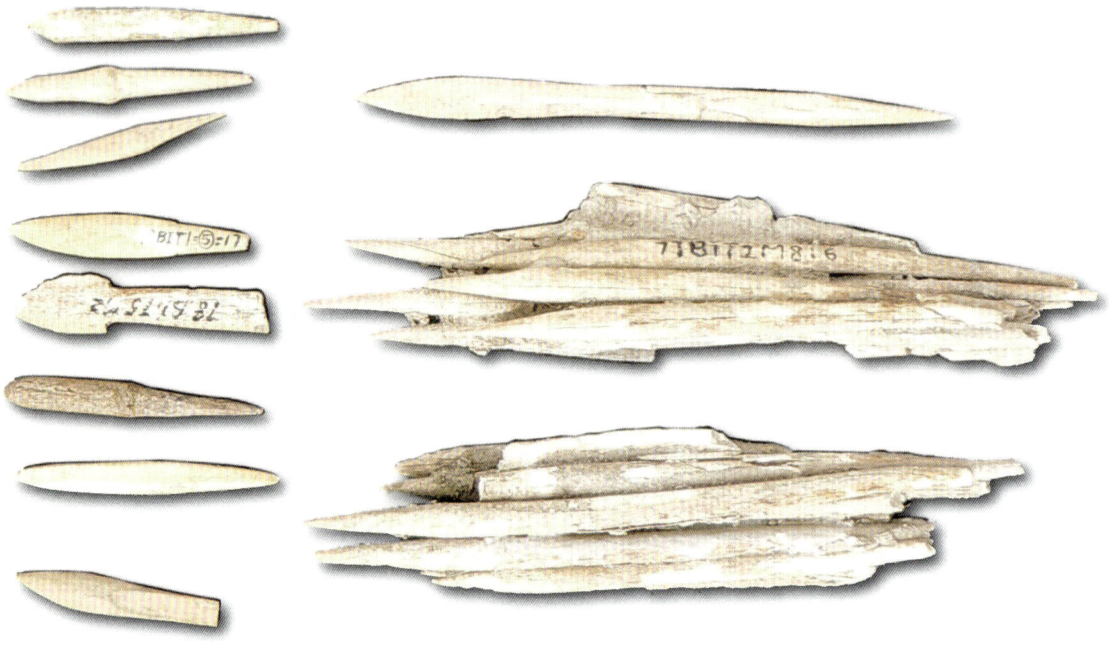

出土的骨镞

墓葬区中有8座墓葬都发现有成束的骨镞，每束十余枚，亦有多至数十枚者。

瓮棺墓

瓮棺墓是使用瓮、罐、盆、釜等陶器盛装尸骨或者覆盖尸骨的墓葬。瓮棺墓一般都没有墓穴，只是将盛放尸骨的容器放置在和它的器形相仿的坑里，甚至只是倾斜放置在浅洼的地面上。

瓮棺墓的葬式

瓮棺墓的骨架一般比较零乱，有的只有几块碎骨，或者是只有几块破碎的骨头片，因为骨架太零乱，大部分瓮棺墓都看不出葬式。

瓮棺墓的葬具

用作瓮棺的陶器种类有瓮、钵、罐、盆、釜、盖等，各墓使用的陶器数量不等，有一件的，也有两件的。如果有两件葬具，组合情况是瓮—钵，瓮—瓮，瓮—盆，罐—钵，釜—盖等，一般都是两件扣合在一起或者套在一起的，也有将一件陶器劈成两半相互套合的。

将陶瓮劈成两半相互套合的瓮棺葬。

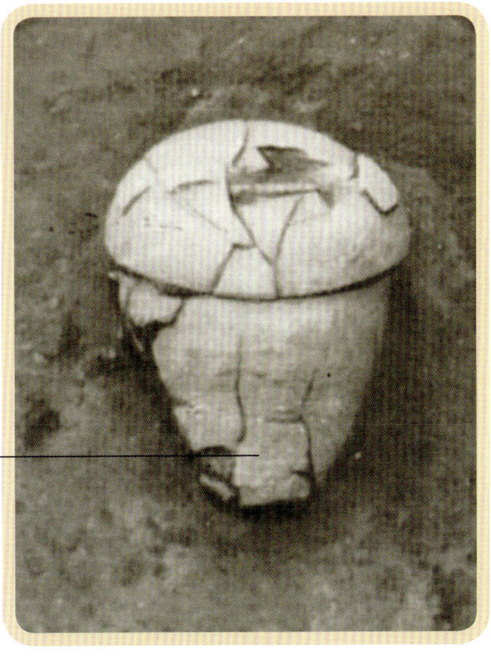

葬具为一个陶钵扣盖在一个陶罐上，钵底有一个小孔。

瓮棺墓的随葬品

只有少数瓮棺墓有随葬品，有随葬品的瓮棺墓，随葬品数量一般也很少，只有一两件陶器，放置在葬具里面，没有固定的陈放方式。

墓葬排列

北首岭土坑墓的朝向是有一定规律的，比如，大多数墓都朝向西北，几个墓成为一组，或者很多墓连成一片等，通过墓葬成组可以大体看出墓葬的朝向规律。土坑墓 80% 都朝向西北，墓向正西、正南以及东南的墓只有不多的几座。而瓮棺墓基本与土坑墓交错在一起，没有规律。

墓葬成组

众多墓葬中，往往有几座形成一组的情况。它们之间排列整齐，间隔均匀，墓底距离地面深度接近，而且年代也大体相同。

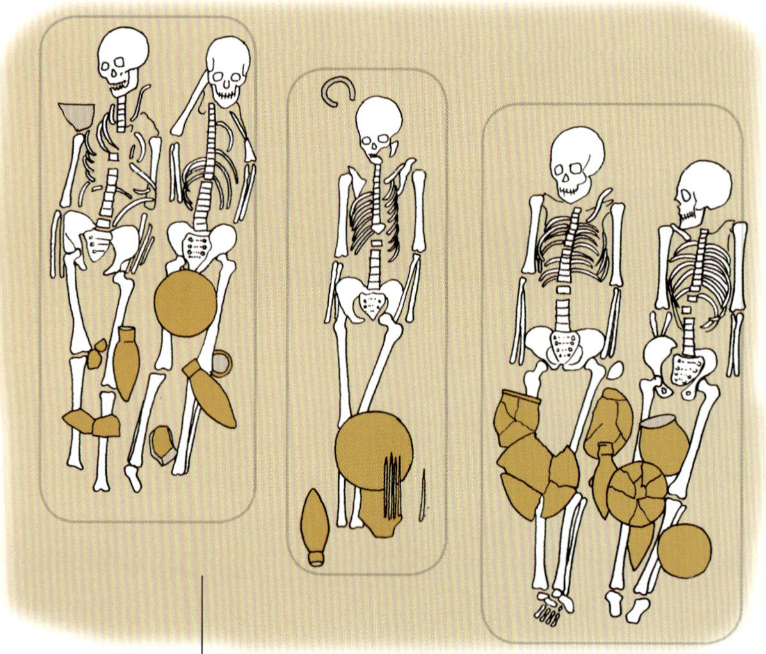

这三座墓成一组，均向西，它们整齐地排列在南北一线上，墓底距地面深度均为 1.1 米。

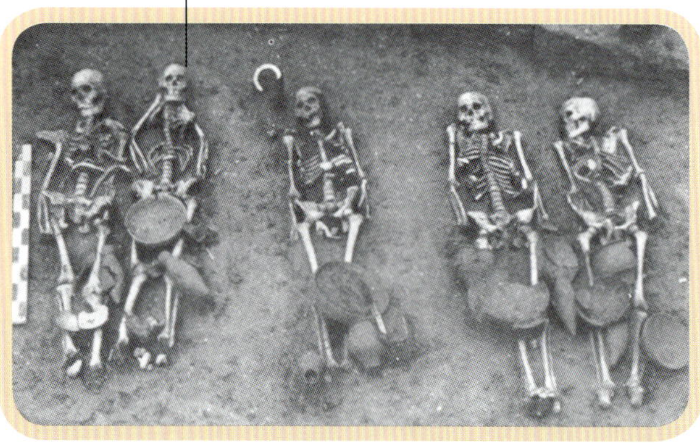

墓葬分期

和北首岭地层仰韶文化分期的早、中、晚期相对应，每个时期的墓葬都有其各自的特征，比如，随葬品摆放位置的不同或者随葬品种类组合的不同。而且，在不同时期的墓葬之间，也存在着叠压与打破的关系，这也可以作为分期的一个依据。

早期墓：7 座。这一期墓葬随葬陶器的基本组合和代表器形是鼎、圆腹平底罐、圆腹小平底罐、直腹小平底罐、碗、壶。

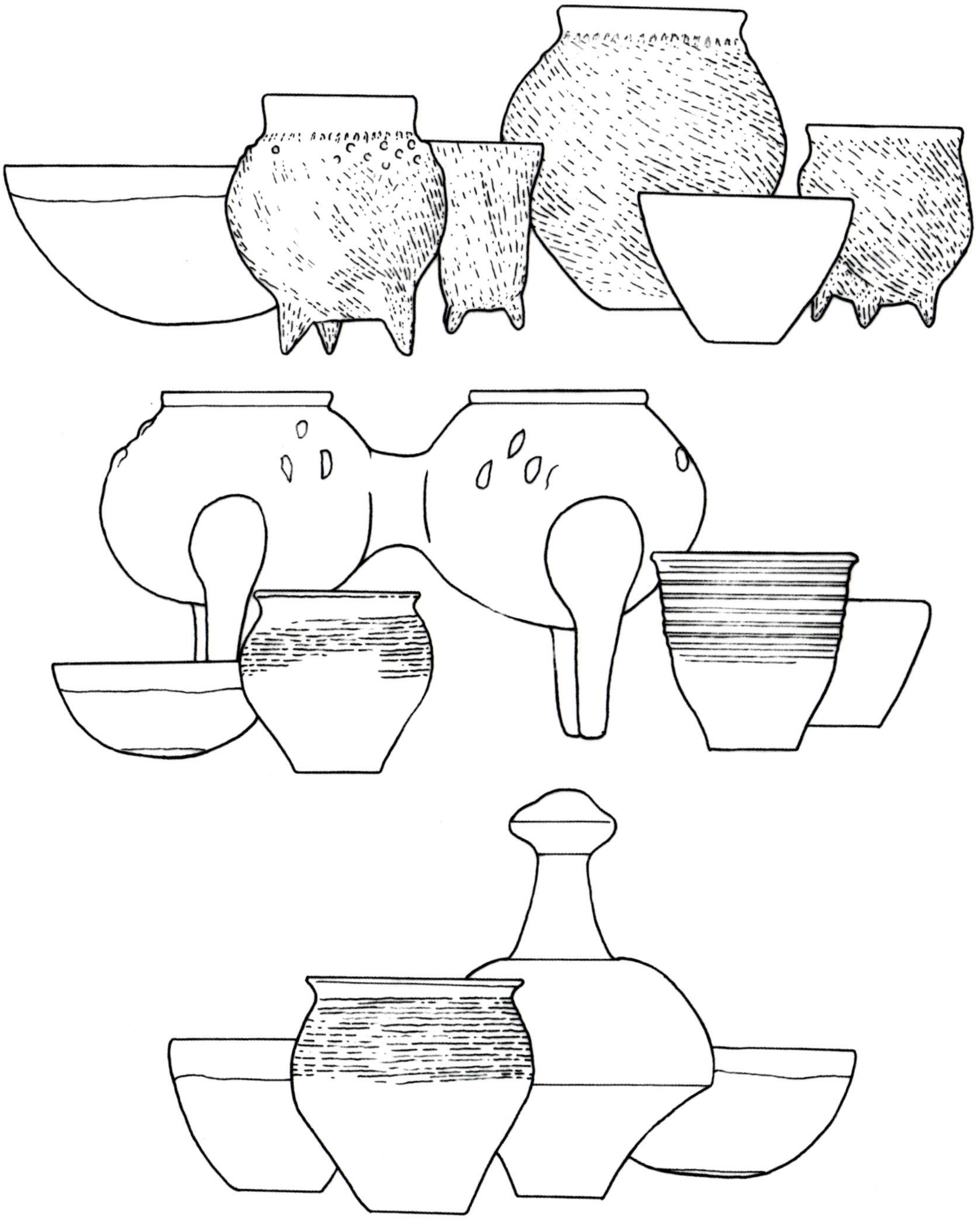

中期墓：120 座。这期墓葬常见的陶器有瓶、直腹小平底罐、圆腹小平底罐、折腹小平底罐、敛口圆腹罐、钵、碗、壶、盂、尖底器、盆、瓮；此外还有少量的直腹小平底罐、鼓腹小平底罐、竖领鼓腹罐以及碗等，骨镞为数很多。

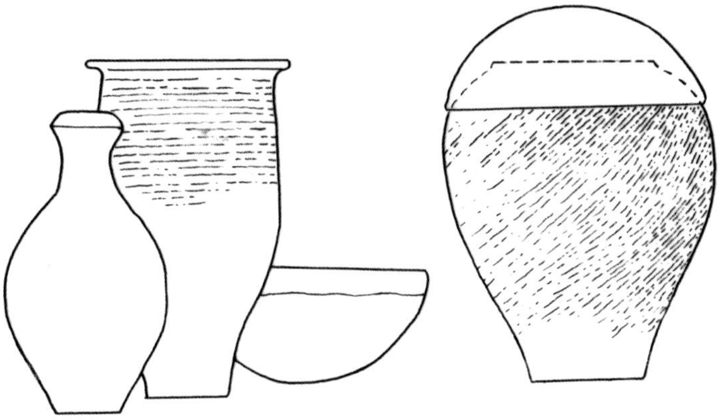

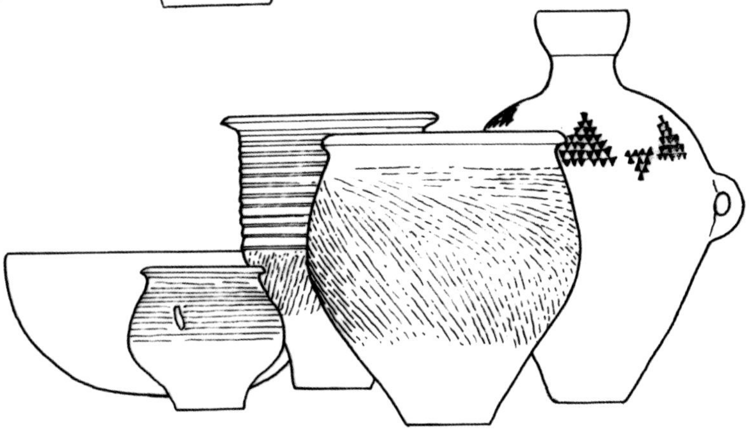

晚期墓：118 座。这一期墓葬陶器的基本组合有两组：一组是瓶、钵、罐，一组是壶、钵、罐。

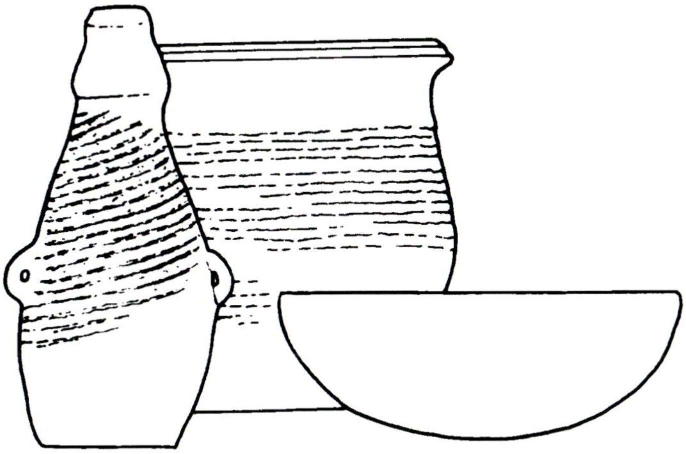

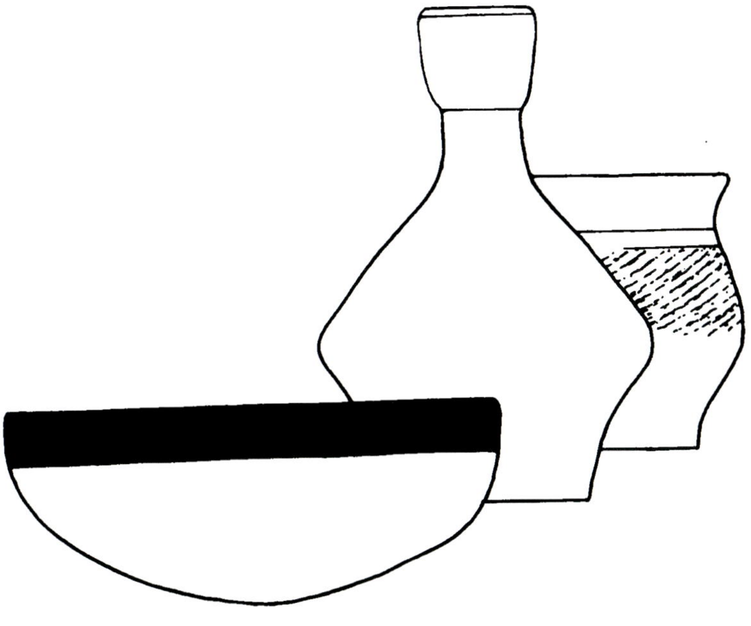

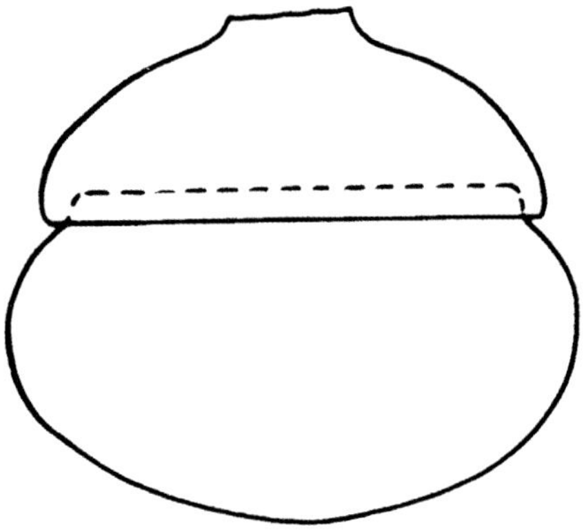

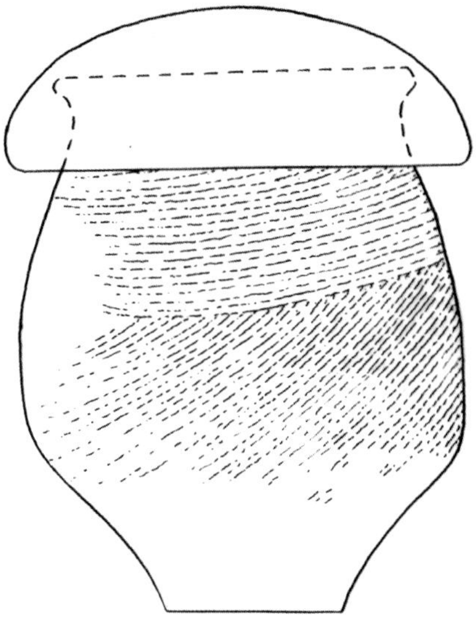

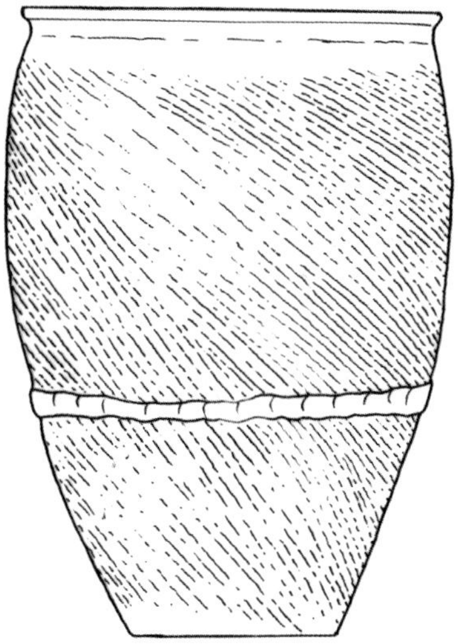

墓葬早、中、晚三期的发展、变化的脉络是清楚的，即：早期为数不多的陶缽、骨镞、野猪獠牙等随葬品到中期就盛行起来；早期盛行的陶碗，到中期就衰落了，只有少数的发现；中期盛行的直腹小平底陶罐，很清楚是从早期的直腹小平底陶罐演变过来的；中期为数不多的鼓腹小平底陶罐，到晚期就很盛行；中期盛行的陶缽，到晚期就衰落了，只有少数的发现；晚期盛行的陶瓶和陶缽，显然是从中期的陶瓶和陶缽演变过来的。

因此，墓葬早、中、晚三期是一脉相承的。

往生世界探究　典型墓葬

在掩埋死者的过程中，任何细节都反映了活人的意识，是活人的思想受当时社会条件、传统观念、宗教教义、社会意识等方面制约的总体表现。通过北首岭的典型墓葬，我们可以看到北首岭先民们对往生世界的想象。

无头英雄

在墓葬区有一座典型的单人仰身直肢葬墓，墓圹为长方形竖穴，口微敛，墓长 2.6 米、宽 0.66 米、深 0.95 米，墓口距地面 3.05 米。墓圹西壁上有一条长 0.7 米、宽 0.12 米的板灰痕迹。骨架仰卧伸直，脊椎及下半部骨骼保存完整，但无头骨，胸部的肋骨及上肢骨亦只剩几根残骨。经鉴定为成年男性。骨架身上有明显的席子覆盖痕迹。头部位置侧放着一个画有黑彩符号的尖底陶器，其下有皮毛样灰痕，再下又有木板灰痕，珍重之意十分明显，看来是用以代替失去的头颅的。尖底器东侧撒有朱红颜料。左臂尚残存有几根指骨，附近放置一野猪牙。其余随葬品多放在膝部以下，有陶罐 3 个、陶钵 2 个、陶壶 1 个、陶瓶 1 个、石研磨盘 1 个（上面画有红色圆圈）、磨石 2 个，膝部的陶罐下压着整排的骨镞，另一陶罐内还盛有一些鱼骨。

头部位置放着的画有黑彩符号的尖底陶器。

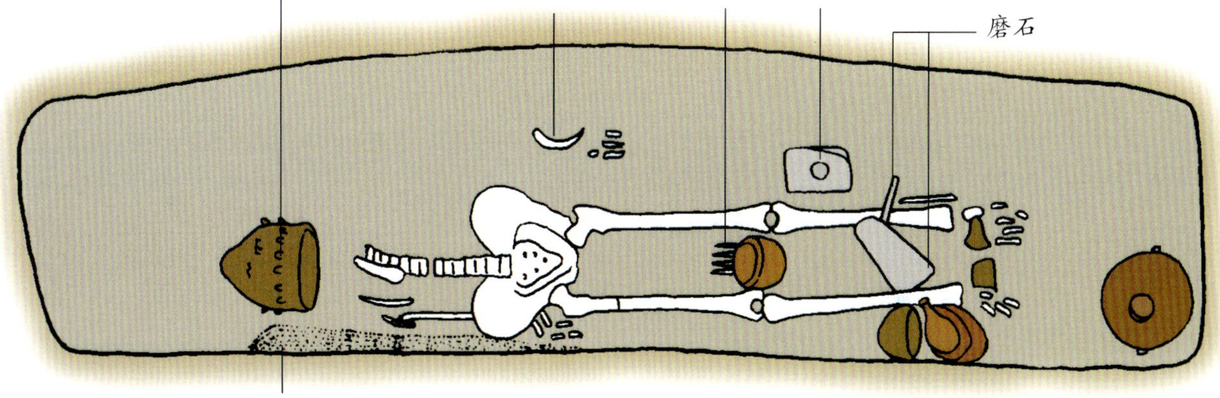

这座无头墓在北首岭遗址内仅发现这一处，但却给后人留下了诸多疑团，使人产生各种猜想。

他为何无头？难道是当时存在的猎头风俗？但既然是猎头风俗的牺牲者，为什么还要厚葬呢？在缺失的头部位置放置一个有多种黑彩符号的陶尖底器又是何意？最令人信服的一种猜测认为他是位没有名姓的“无头英雄”，是为了北首岭人的生存，做出了重大贡献的牺牲者。也许他在带领本族男人打猎时，被野兽伤害，失去头颅。他的膝部陶罐下压着整排的骨镞，左壁附近放置有野猪牙。很明显他生前是位打猎英雄，曾射杀和捕获过无数的猎物，野猪是收获的一种；又或许他是在同外氏族的冲突中，为了维护本氏族的利益，舍生忘死、冲锋陷阵而失去头颅；还可能是为了本族驱灾除疫献出头颅……

“无头英雄”头部尖底器口沿以下的四道弦纹，整齐一排的鹰嘴饰，下部素面上的四个符号，通过这些装饰我们是否可以这样理解：蓝天白云下，飞翔着神鸟。在神鸟的护卫下，我们的英雄就战斗生存在这里，为北首岭人做出了重大贡献。这些符号是驱邪还是记录？是随心所欲涂抹还是刻意精心制作？是歌颂英雄的业绩还是诅咒伤害英雄的敌人？不得而知，留下的只是猜想……

肢体残破的单人葬

在单人葬的墓中，仰身直肢是最普遍的葬式，即便在合葬墓中，此种葬式也很常见，一般是面向上，上肢垂直放两侧，下肢伸直。也有少数是面侧向一边，或上、下肢交叉放置。

但在仰身直肢葬保存得较好的骨架中，有 40 余个出现肢体残缺现象。例如：骨架头部大部分残缺，只剩下一小部分，骨架缺少右前臂骨、缺少左股骨，骨架左臂只有近肩部的一小截肱骨，骨架右臂骨压在右肋骨之下，一个儿童的骨架眉间插有一骨条，骨架的左桡骨与尺骨两端相接，骨架的下颚骨放置于头颅之前，骨架的下颚骨分成两半，左胫骨折断，下半截横放，骨架没有头颅和上肢骨等等。上述例子，都排除了自然破坏或遗址打破造成的可能。

这座墓葬长 1.86 米、宽 0.42 米、深 0.36 米，坑口微敛。墓口离地表 3.62 米。经鉴定墓主人是男性，50 岁左右，其骨架仰卧伸直，面部侧向东，上半身以及大腿骨均保存完好。但下颚骨脱落一边，小腿压在大腿骨之下，不与大腿骨相连接，手指骨及脚趾骨不全。随葬品放在左大腿骨之上，在骨架口部附近有一枚榧螺。

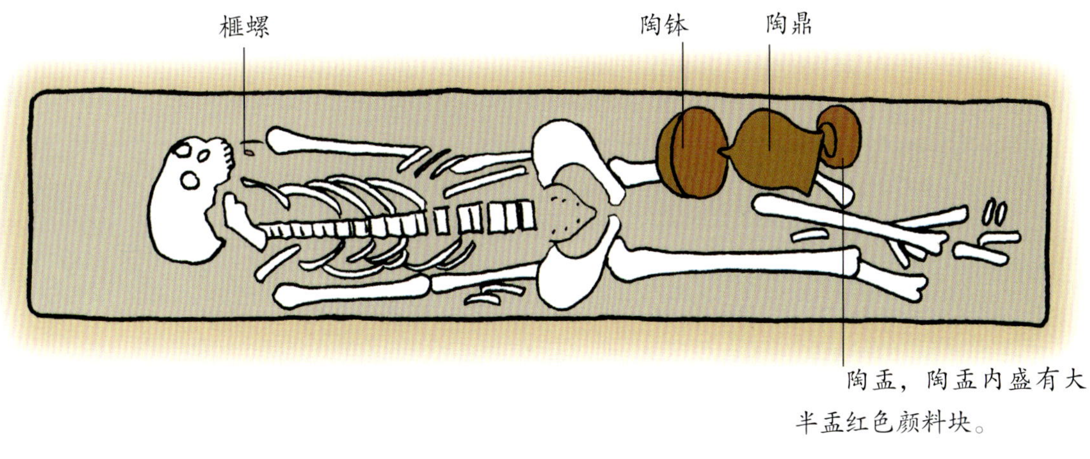

在上面这座单人墓葬中，墓主人的小腿被肢解后压在大腿下面，这种情况在同时期其他遗址墓葬里也有发现，民俗学家对于这一现象存在的原因做过这样的臆测，当时的人也许是因为对于逝者生前的畏惧，担心其死后仍会骚扰他们，所以将其小腿肢解后压在大腿下面，使他无法行走。这仅仅是一种猜想，不过很多文学作品中都有逝者复活后无腿奔走的想象，此种想象也许就来源于此。

二人二次合葬墓

这座墓的墓坑呈长方形，北头较宽为0.62米，南头较窄为0.54米，长1.9米，深0.32米。墓口距地表3.5米。骨殖分作两层放置。第一层，墓北端放置有盆骨、上肢骨、肩胛骨、脊椎骨等，放成近圆形的一堆。墓中央立放着两个头骨，头骨面向南，没有下颚骨。墓南端放有两根下肢骨。经鉴定均为男性成年人。随葬陶器放在人头骨的前面，压在右下肢骨之上。墓中有陶罐、陶钵、陶壶。第一层骨殖取去后，又出现第二层骨殖，十分凌乱，有两个下颚骨以及四肢骨、肋骨等。

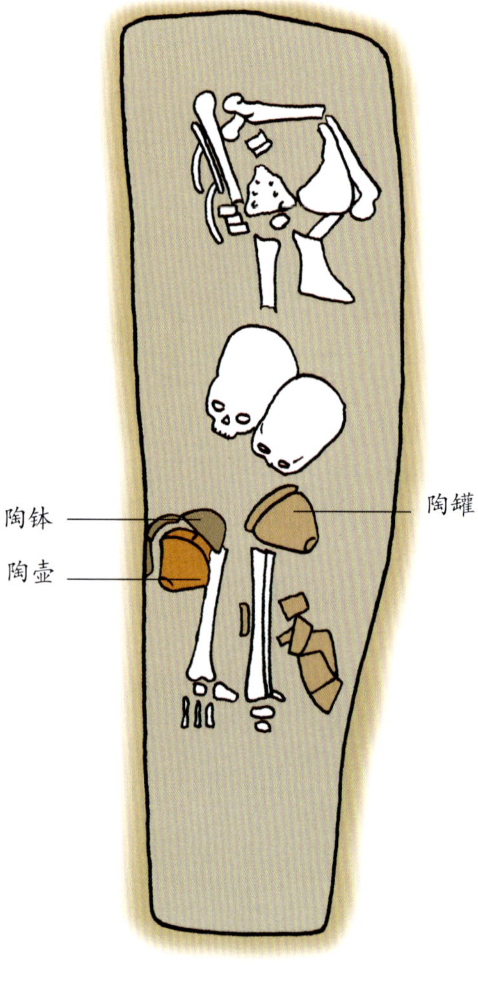

第一层

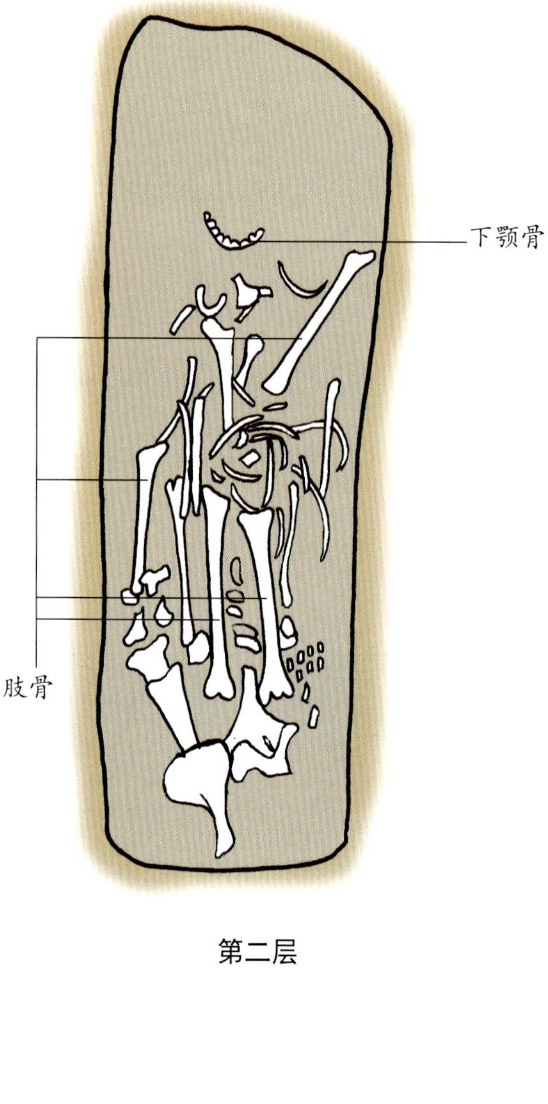

第二层

多人二次葬的合葬墓

五人中三人仰身二人二次葬的合葬墓是一座典型的多人二次合葬墓，墓坑为长方形竖穴。墓口长3.68米、宽2.82米、深0.55米，墓口距地表3.8米。墓坑南壁上有局部的板灰痕，而且还有料姜石浆涂抹的痕迹。墓底上均匀地陈放着五具人骨架。

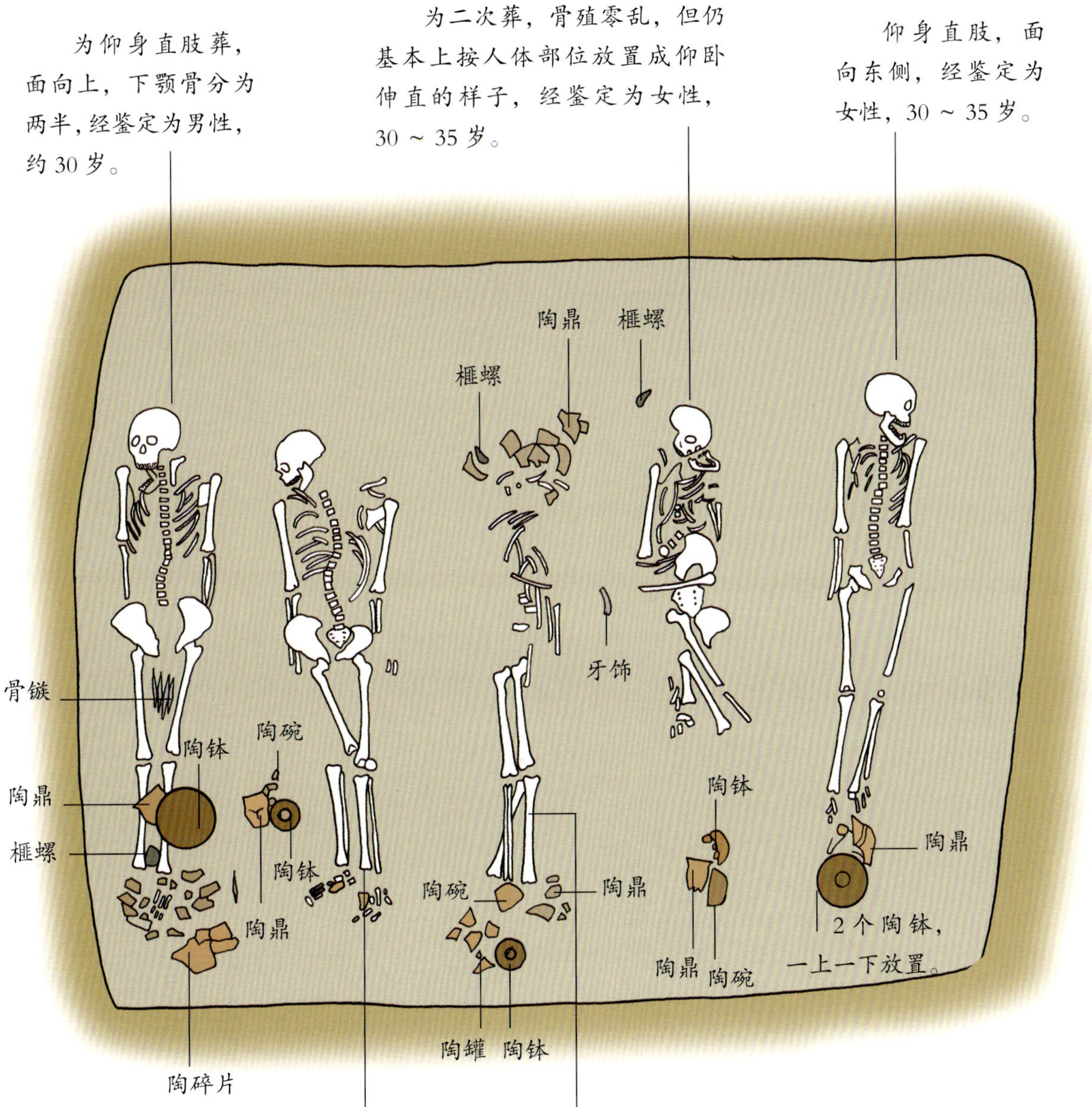

瓮棺墓

此瓮棺墓作簸箕形，长 0.65 米，宽 0.7 米，深约 0.4 米，墓口距地表 1.85 米。坑的三面抹有一层料姜石硬面。坑内侧放着一个陶瓮，瓮口扣着一个陶钵，瓮内有几块人骨。

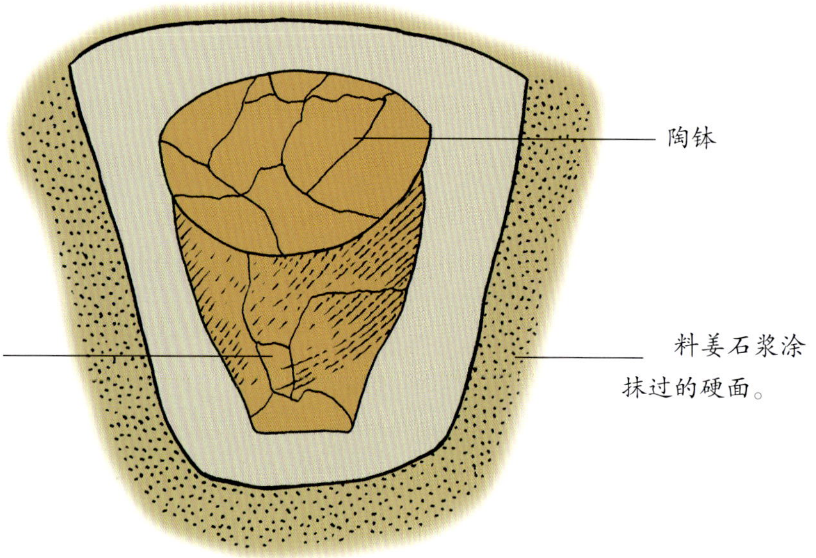

有的瓮棺墓只有葬具，没有墓穴。此陶瓮发现于距地面 0.65 米。瓮已残，上覆一钵。瓮内有零乱的人头骨及四肢骨。

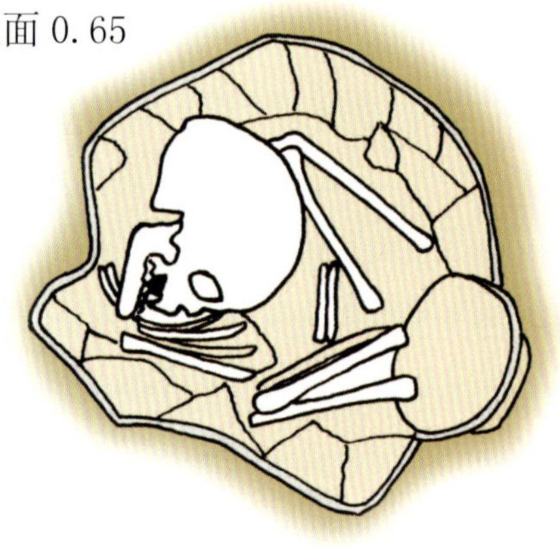

无骨架的空墓

有一个墓坑是一座空墓，长方形，竖穴。长 2.2 米、宽 0.78 米、深 0.45 米，口略大于底，墓口距地面深 3.05 米。墓坑周壁有用料姜石浆抹过的痕迹。墓的南部发现陶罐、陶壶，但没有发现骨架，也没有看到骨架存放的痕迹。

第五章

北首岭展望

北首岭遗址的发掘及保护工作是无数考古人员付出了艰辛劳动的成果，为我们展现了距今7100至5600年之间的北首岭先民的生活场景，新的宝鸡北首岭博物馆将会给大家一个全新的展示……

北首岭的过去 大事记

位于宝鸡市金陵河西岸的北首岭遗址，在中国原始社会史研究中占有重要地位，其史前考古价值十分重要。自 20 世纪 50 年代起，考古工作者对北首岭遗址进行了大规模发掘，发掘出的遗址和文物为我们展现了距今 7100 ～ 5600 年的北首岭先民的生活场景，考古人员付出的艰辛劳动可想而知。

1953 年，宝鸡市龙泉中学（原宝鸡一中）在进行校园建设时发现了北首岭遗址。在 20 世纪 50~70 年代，考古工作者在北首岭遗址完成了多次考古发掘。在考古发掘完成之后，他们对大部分遗址进行了回填保护，并把回填的土地交给了龙泉中学作为操场使用。当时只保留了Ⅵ区一处典型的墓葬区以及Ⅰ区的一处房址，并修建了保护厅进行展示。

北首岭遗址发现、发掘及保护

1952 年以前，北首岭遗址为敦仁堡村农田，部分位置有大片近代公坟。遗址位于村北岭岗之上，故称北首岭。

1953 年，龙泉中学（原市一中）征用北首岭土地约 100 亩，基建时发现了该遗址。经陕西省文物管理委员会，西北文物清理队，中国科学院考古研究所以及宝鸡发掘队等单位多次调查，确认是一处新石器时代遗址。

1957 年 5 月 31 日，陕西省人民委员会公布陕西省第二批文物保护单位，将北首岭遗址公布为“宝鸡市一中遗址”。

1958 年 8 月，宝鸡市一中历史教师李培基先生向文化局建议，希望对该遗址进行发掘，文化局将此意见转达宝鸡发掘队，经上报中科院考古研究所领导批准，遂决定对该遗址进行发掘。

1958 年 8 月至 1960 年 12 月，中科院考古研究所对该遗址发掘了 5 次，发掘面积 4500 平方米。发掘工作由赵学谦同志负责，先后参加发掘工作的有：张长源、扈俊明、张耕海、白萍、关甲 、刘随盛、陶正刚、安德原、马耀圻和余万民等。发掘结束后，对发掘现场进行了保护性的回填。遗址中晚期年代确定为距今 6800 ～ 5800 年。

1977 年 10 月至 1978 年 6 月，发掘工作进行了两次。这次发掘的目的主要是探清中晚期下层文化面貌。参加发掘工作的人员有刘随盛、安德厚、杨国忠和梁星彭。在原发掘Ⅳ区，发掘面积 227 平方米，大部分探方挖到生土，这次发掘最大的收获是在中晚期下层发现了早期文化，遗址早期年代确定为距今 7200 ～ 6800 年。前后两个阶段发掘面积计 4727 平方米，发现房址 50 座，灰坑 75 个，窖 4 座，排水沟 2 道，灶坑 2 个，墓葬 472 座。发现陶器 900 余件，其他生活用具及装饰品等遗物 5000 余件。经发掘中心面积 6 万多平方米，距今 7100 ～ 5600 年，是一处保存比较完整的仰韶文化村落遗址。早期文化被专家确定为北首岭类型，归属前仰韶文化。

1991 年 4 月，经市文化广播电视局批准，同意龙泉中学在校门口南边修建实验楼，占地面积 385 平方米，经市考古队钻探清理，发现新石器墓葬 2 座，出土文物 13 件。

1992 年 4 月 20 日，陕西省人民政府公布第三批文物保护单位，将该遗址定名为“北首岭遗址”，同时撤销“宝鸡市一中遗址”。

2001 年 12 月，经省文物局批准，同意龙泉中学修建教学楼和实验楼，占地面积总计 900 平方米。钻探清理工作由市考古队分两次完成。2001 年 12 月钻探清理教学楼 500 平方米，唐代墓葬 3 座，出土文物 6 件。2002 年 10 月钻探清理实验楼 400 平方米，发现仰韶墓葬 10 座，汉唐墓葬 5 座，出土文物 47 件。由北首岭陈列馆负责迁出仰韶墓葬骨架一具，其中，随葬器物 2 件。

2005 年 12 月，龙泉中学在遗址西南角修建学生公寓楼，经市文物局批准，由市考古队进行钻探清理，未发现北首岭文化遗迹。

2006 年 6 月 2 日，北首岭遗址由国务院公布为第六批全国重点文物保护单位，6 月 10 日由陕西省文物局在西安颁发了保护牌。

北首岭的现在　北首岭博物馆

北首岭遗址从发掘之后就受到相关部门的高度重视，2011 年 12 月，原“宝鸡北首岭遗址陈列馆”正式更名为“宝鸡北首岭博物馆”。经过近年来的努力，一个以仰韶文化为主题，以原始村落遗址、遗物为内容，以复原的史前房屋建筑、广场、墓葬为主要景观的北首岭遗址公园已显雏形。

遗址展示区

遗址展示区位于遗址博物馆的中、南部，是遗存物分布比较集中的区域，主要布置房址展厅、墓葬展厅、地面显现展示场等。展示区原则上根据遗址现存的位置进行布设，保持遗址的原来面貌。

房址展厅和墓葬展厅集中展示那些保存完好的先民居住遗址和墓葬遗址。地面显现展示场以展示灰坑、灶坑、排水沟等遗址为主。

小学生参观北首岭墓葬展厅

陈列展示区

陈列展示区位于遗址博物馆的北部，主要布置文物陈列展厅。

陈列展厅现在以文物陈列为主，展示先民的生活用具、生产工具和装饰品等遗物。

小学生参观北首岭陈列展厅

中学生社会实践活动

博物馆建设

2013 年 12 月 22 日陕西省人民政府陕政函［2013］212 号批准公布全国重点文物保护单位北首岭遗址保护规划。2015 年 5 月，北首岭遗址断崖防护加固工程开工建设，该项目是北首岭遗址保护的关键性工程。目前博物馆外围崖体保护工作正在进行中，此项建设是新的博物馆整体规划建设的基础工作。

施工前崖体情况

文物保护墙施工中

施工中

观景走廊护栏施工

观景走廊及文物保护墙面（南）

观景走廊及文物保护墙面（北）

北首岭的未来　新的博物馆

近年来，随着国家经济建设的快速发展和人们对人类历史文化遗产认识程度的提高，根据北首岭遗址保护规划重新调整的遗址区域划分，在各级政府的重视下北首岭的建设保护工作也已经顺利地展开。

经过了长期的摸索和实践，宝鸡北首岭博物馆的建设正逐步完善。结合经济、社会的发展和宝鸡市城市的总体规划，到 2020 年，宝鸡北首岭博物馆将成为现代人了解人类发展历史，体验新石器时代文化的综合场所。博物馆将以一个文物陈列馆和两个遗址揭露保护展厅为主线，复原以新石器时代文化场景作为副线向世人展示原始文明的魅力。

新博物馆规划

目前已将龙泉中学高中部外迁，对遗址核心区域的北区部分民宅和企业土地宝鸡市政府已陆续为北首岭遗址征用，截至 2010 年底已划转文物保护用地 3.31 公顷，基本满足了北首岭遗址核心区域文物保护的要求。博物馆对已划拨的土地进行了绿化，对符合条件的已

发掘区域历史场景进行了复原展示，整治了遗址内的环境，清除了危害遗址本体的乔木根茎。遗址东崖体约400米保护加固工程已于2015年5月开始实施。

北首岭遗址文物陈列馆、墓葬揭示保护大厅、房屋遗址保护大厅设计方案征集工作正在进行中。

在各方人士的努力下，北首岭博物馆正在逐步建成布局科学、服务人性化的古遗址展示区：

1. 在遗址揭露方面，采用覆土建筑形式，建筑面积2500平方米的房址保护大厅和1500平方米墓葬保护大厅，揭露展示局部房屋遗址和墓葬遗址。

2. 在地面展示方面，采用模拟复原、绿化、铺装等方式，展示北首岭遗址房址、墓葬、广场等整体的遗址格局。

3. 利用标牌展示，采取标示牌、说明牌等手段，对遗址的各部分进行介绍、说明。

4. 文物陈列多媒体展示：采用建筑面积3000平方米文物陈列馆形式，利用现代技术及多媒体手段展示北首岭遗址及宝鸡地区其他史前遗址出土文物和相关资料。

5. 遗址展示线路，分为北入口、南入口和道路。博物馆内参观道路分为三类：主要参观道路，遗址周边的人行木栈道，连接各遗址区的条石小径。

6. 管理机构规划及设施：成立宝鸡北首岭博物馆，负责北首岭遗址的各项保护、展示与环境整治工程的组织实施和监督管理工作，负责北首岭遗址博物馆范围内的安全防范及其他日常管理工作。结合远期规划设置将原龙泉中学教工宿舍楼改进后作为保护管理用房，陈列馆、房址保护展厅、墓葬保护展厅采取封闭式管理，其他遗址部分兼做城市公园绿地，采用开放式管理。

7. 制定考古研究目标，根据以往考古资料和研究成果，有针对性地开展考古工作，进一步摸清被城市道路和建筑占压的遗址可能埋藏区的具体情况，明确遗址的范围及整体布局，为全面的制定北首岭遗址保护措施提供科学的依据。

北首岭博物馆规划前景

根据遗址保护、展示利用的需要，结合实际情况，北首岭遗址将在遗址博物馆范围内进行展示，主要展示北首岭遗址的整体格局，对局部房址、墓葬进行揭露展示，以体现北首岭遗址的文化内涵，发挥遗址的文物价值和社会价值，促进遗址与城市的和谐共存，另外，对宝鸡地区史前遗址的出土文物进行集中展示。

采取的展示方式为：遗址保护展厅展示、地面显现展示、标识展示、文物陈列及多媒体展示，保护展厅外观采用覆土的形式。

北首岭墓葬保护展厅

墓葬遗址是北首岭遗址的重要构成部分。遗址内共发掘 451 座墓葬，主要分布在东南部的第Ⅳ区和第Ⅵ区。发掘后大部分已进行了回填保护，只保留了Ⅵ区一处比较典型的墓葬区，修建了保护展示厅，暴露展示。目前现有的墓葬展厅占地 209 平方米，将要建成的墓葬展厅仍在Ⅵ区，总建筑面积 2000 平方米。

北首岭房屋遗址保护展厅

房屋遗址是北首岭遗址的重要构成体。遗址共发掘房屋遗址 50 座，主要分布在Ⅰ区、Ⅱ区和Ⅴ区。其中，面积最大的达 88.26 平方米，最小的只有 8.7 平方米，一般在 12 ～ 30 平方米之间。目前的房屋遗址保护展厅在Ⅰ区，面积150平方米，将要建成房址展厅仍在Ⅰ区，房址展厅建筑面积 2500 平方米。

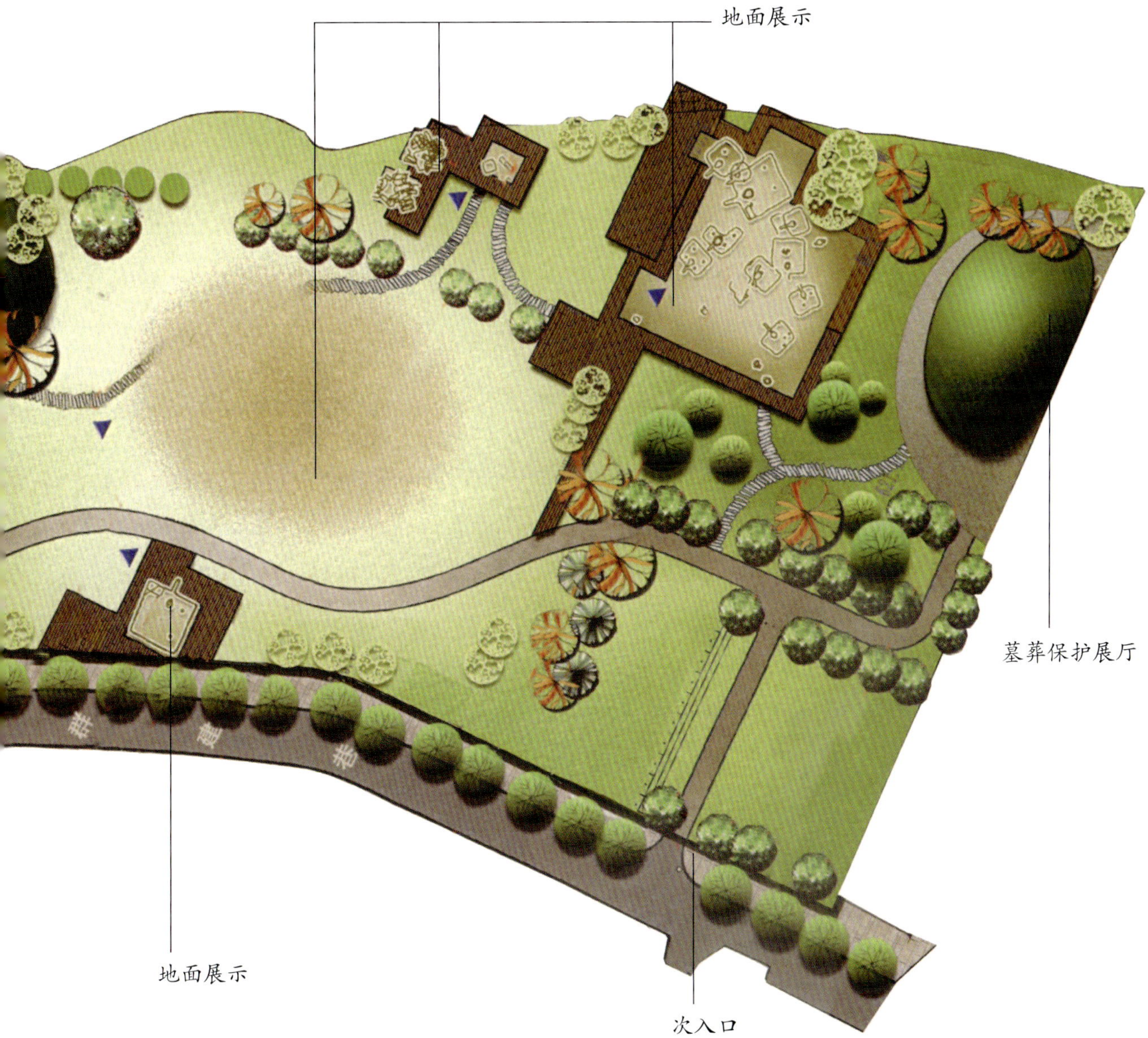

北首岭遗址博物馆综合展厅

宝鸡是中华民族古代文明的重要发祥地之一，是炎帝神农故里，历史文化积淀深厚，文物古迹遗存丰富。目前，宝鸡全市大量文物分布在各县区博物馆，常年存放在库房之中，难以发挥作用。建设一个设施齐全，功能完善的高规格、高标准文物展厅，已势在必行。新建综合展厅位于遗址的北部，将通过先民的生活用具、生产工具和装饰品等遗物，集中展示宝鸡地区新石器时代的文化遗产。博物馆综合展厅为三层（地上 2 层、地下 1 层）框架结构建筑，内设管理用房、陈列大厅、文物库房、文物修复室等，建筑面积 3000 平方米。

建成后，北首岭博物馆将成为宝鸡地区史前文化的中心博物馆，将进一步展示宝鸡这个有着炎帝故里之称的文明城市的历史文化底蕴，它的建成也将成为打造“炎帝故里”的文化旅游品牌、带动宝鸡文物旅游事业发展的新名片。

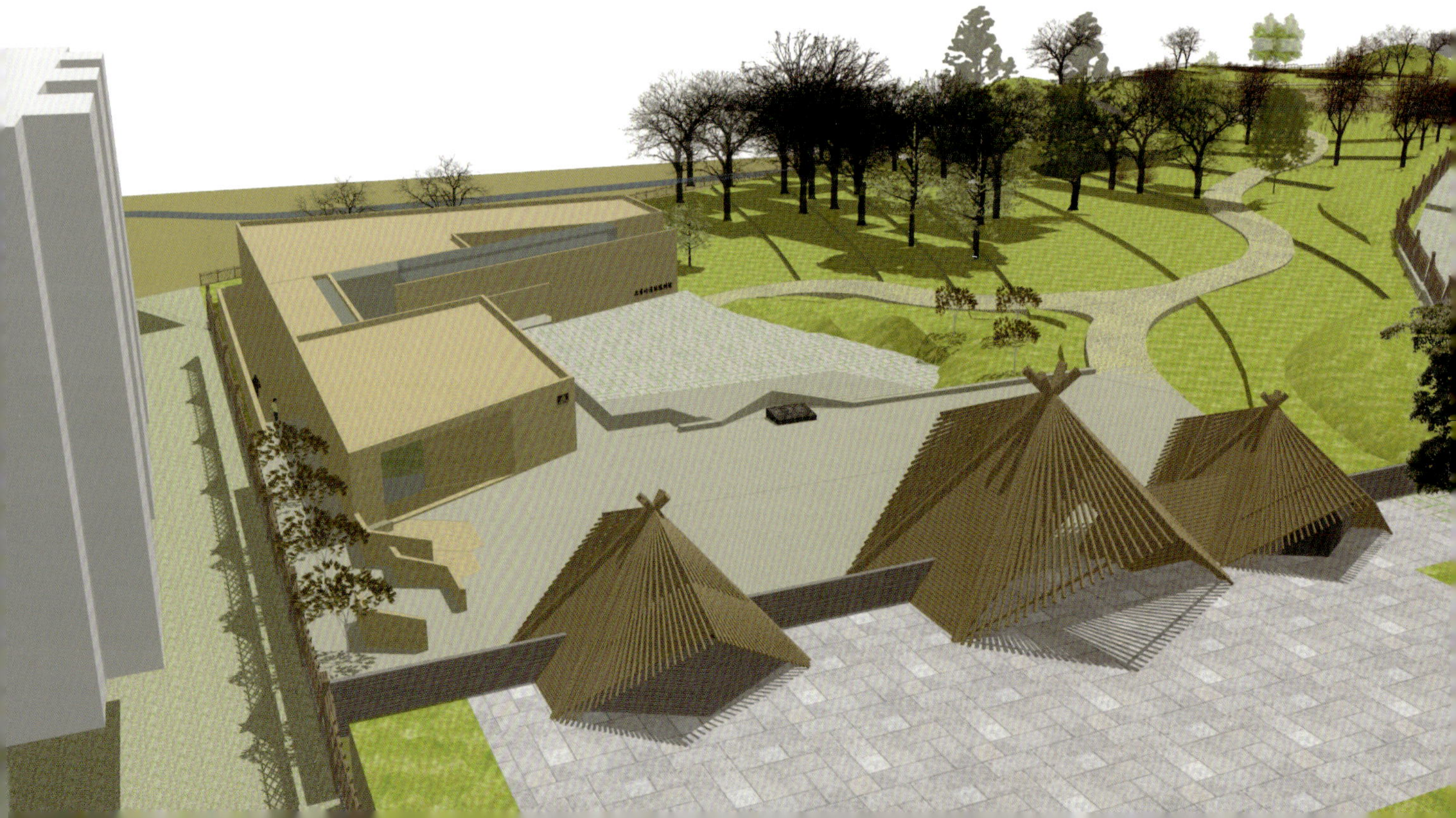